Manfred Gold

Vom Reiterpass zur Berufsreiter-prüfung – Pferdewirt –

BLV Verlagsgesellschaft
München Bern Wien

Manfred Gold
ist nicht nur Reiter aus Passion, sondern hat auch
beruflich mit Pferden zu tun. Er ist seit 1965 beim
Bayer. Staatsministerium für Ernährung, Landwirtschaft und Forsten mit Pferdezucht und -sport, seit
1976 mit der Berufsausbildung zum Pferdewirt
befaßt. Als FN-geprüfter Amateurreitlehrer, aktiver
Turnierreiter, Turnierrichter und vor allem Autor
mehrerer Pferdebücher sowie Mitarbeiter führender
Fachzeitschriften ist er über seine Münchner Heimat
hinaus bekannt geworden.

CIP-Kurztitelaufnahme der Deutschen Bibliothek

Gold, Manfred
Vom Reiterpass zur Berufsreiterprüfung: Pferdewirt.
– 1. Aufl. – München, Bern, Wien:
BLV Verlagsgesellschaft, 1977.
    ISBN 3-405-11749-6

Satz und Druck: Georgi-Druck, Königsbrunn
Buchbinder: Hans Klotz, Augsburg
Printed in Germany · ISBN 3-405-11749-6

Inhaltsverzeichnis

Bildverzeichnis
Alle Fotos von Manfred Gold, außer:
blv Archiv sport (Foto Jürgen Kemmler), S. 84 (3), 88, 89
St. Lynch, S. 49 o.
K. Meyer, S. 57
E. Schiele, S. 42
E. C. Straiton, S. 69 (4)
Trabrenn- und Zuchtverein, S. 13 o.
Titelbild: Jürgen Kemmler, Tutzing

Zeichnungen
Ulrik Schramm (aus »Das Reiterabzeichen leicht gemacht« und
»Reitsport von A–Z« von Heinz Pollay, erschienen in der
BLV Verlagsgesellschaft mbH, München)

Vorwort

Ein weiteres Pferdebuch zu den vielen, die auf dem Büchermarkt verkauft werden?

»Vom Reiterpaß zum Berufsreiter und Pferdewirt« soll für viele junge Leute ein kurzer Wegweiser, quasi am Scheideweg, vor ihrer Berufswahl sein, soll aufzeigen, welche Voraussetzungen, Fertigkeiten und Kenntnisse das Berufsbild des Pferdewirtes umfaßt; soll im gleichen Maße allen männlichen und weiblichen Auszubildenden dienen, die bereits den Beruf erlernen oder sich zur Abschlußprüfung vorbereiten.

Das erforderliche Grundwissen ist kompakt in den einzelnen Sachgebieten zusammengedrängt. Das Datenmaterial wurde auf die wirklich wichtigen, praxisnahen Zahlen beschränkt. Für das eine oder andere Fachgebiet sollte Speziallitereatur zugezogen werden.

Der offizielle Ausbildungsrahmenplan für die vier Schwerpunkte: Reiten, Zucht und Haltung, Rennreiten, Trabrennfahren und alle einschlägigen Gesetzestexte sowie Verordnungen sind vollständig oder, soweit zutreffend, auszugsweise in einem Anhang wiedergegeben. – Das macht dies Büchlein auch für die Auszubildenden und Ausbilder nützlich.

Viele ungelernte, was aber noch schlimmer ist, viele unqualifizierte Menschen arbeiten in unseren Pferdeställen, reiten auf jungen Pferden.

Die Werte, die in einem Zuchtstall, Reitstall oder Rennstall stehen, rufen den gewissenhaften, umsichtigen und vielseitigen Pferdefachmann auf den Platz.

Die Richtigen zu begeistern, zu fördern und zum Ziel zu führen, ist der Wunsch des Autors.

Ziel vieler junger Menschen ist es, Bereiter (Pferdewirt –
Schwerpunkt Reiten), Reitlehrer oder Reitlehrerin zu werden.
Bereitschaft zu einem langen Ausbildungsweg, Korrektheit,
harte Arbeit, sportlicher Erfolg, Ausdauer und Gesundheit
sind dazu einige Voraussetzungen.
Ist das Berufsziel erreicht, lohnt ein verantwortungsvoller und
abwechslungsreicher Beruf die Mühe.

Einführung

Der Pferdewirt – Schwerpunkt Reiten

Der Umgang mit Pferden und der Reitsport bereiten vielen jungen Menschen so viel Freude und Spaß, daß sie ernsthaft überlegen, ob aus dieser Freizeitbeschäftigung nicht mehr, nicht Lebensinhalt werden kann. Oft ist die leichteste Prüfung, die Prüfung für den Reiterpaß (FN), bei der erstmals konkretes Wissen und Können gezeigt werden muß, ein Anstoß für diese Überlegung.

Ein Traumberuf scheint der Umgang mit Pferden zu sein. Es ist jedoch ein Unterschied, ob man sich zwei oder drei Stunden in der Woche mit Pferden beschäftigt, sie pflegt und reitet, oder ob man beruflich die volle Arbeitszeit und oft noch viel darüber hinaus für Haltung, Pflege und Ausbildung von Pferden sowie für die Ausbildung von jungen und erwachsenen Reitern aufwendet. Die Vorstellung vieler Reiter, mit guten Pferden auf den Turnierplätzen regionaler wie nationaler und internationaler Veranstaltungen von Sieg zu Sieg zu reiten, erfüllt sich nur für wenige. In den meisten Fällen erhält der Berufsreiter junge, rohe Pferde zur Ausbildung und schwierige, verdorbene Pferde zur Korrektur, oder man überträgt ihm das Training von Turnierpferden gutsituierter Turnierreiter, die mit ihren Pferden dann selbst in den Prüfungen starten.

Neben dem Reiten nehmen die Haltung, Fütterung und Pflege einen Großteil des Aufgabengebietes ein. Da es sich meist um wertvolles Pferdematerial handelt, sind für diesen Arbeitsbereich Sachkenntnis, Gewissenhaftigkeit, Pünktlichkeit und Verantwortungsbewußtsein eine unerläßliche Voraussetzung.

Wer bei strenger Prüfung feststellt, daß er die sportlichen, persönlichen und pädagogischen Voraussetzungen mitbringt, für den ist dieser Beruf wirklich ausfüllend und befriedigend. Nach der Berufsabschlußprüfung als Pferdewirt – Schwerpunkt Reiten (früher Bereiter genannt) – ist eine Berufsfortbildung zum staatl. geprüften Reitlehrer möglich.

Der Pferdewirt – Schwerpunkt Zucht und Haltung

Wer weniger von sportlichen Ambitionen, sondern vielmehr von der Zuneigung zum Pferd und insbesondere zu jungen Tieren motiviert wurde, sich für diesen Beruf zu interessieren, der handelt vielleicht richtig, wenn er sich für den Pferdewirt – Schwerpunkt Zucht und Haltung – entscheidet. In diesem Ausbildungszweig bilden die Haltung, Pflege und Fütterung von Pferden, der Zucht- und Deckbetrieb mit Stuten und Hengsten, Fohlengeburten und die Aufzucht der Jugendjahrgänge den Schwerpunkt in der Ausbildung.

Das Anlongieren und Anreiten von Jungpferden sowie das Bewegen von Pferden an der Hand und unter dem Sattel runden das Aufgabengebiet ab und lassen reiterliche Fähigkeiten etwas zur Geltung kommen. Diese Berufsrichtung sagt besonders weiblichen Auszubildenden zu und oft schon jungen Mädchen.

Die Betreuung wertvoller Sportpferde und ausgewählter Zuchttiere ist eine echte Aufgabe für geschultes Fachpersonal. Viele ungelernte Gelegenheitsarbeiter ersetzen derzeit noch fehlende gelernte Kräfte. Ein echter Bedarf ist bei größeren Reitvereinen und in zum Teil hervorragender Privatzuchten gegeben. Nach der Berufsabschlußprüfung winkt für Interessierte und auf dem züchterischen Sektor besonders Begabte die Fortbildung zum Pferdewirtschaftsmeister bzw. Gestütsmeister.

Bild links:
Zuchtplanung, Zucht, Aufzucht und Haltung beschäftigen den Pferdewirt – Schwerpunkt Zucht und Haltung. Die Berufsfortbildung führt zum Pferdewirtschaftsmeister oder Gestütsmeister.

Der Pferdewirt – Schwerpunkt Trabrennfahren

Pferderennen sind eine Leistungsprüfung, nach deren Ergebnissen die Hengste bzw. auch Stuten in der Zucht eingesetzt werden. Bei den Hengsten schreibt ein Bundesgesetz – nämlich das Tierzuchtgesetz vom 20. April 1976 – Mindestanforderungen vor. Nur Hengste, die diese Mindestzeiten erbracht haben, dürfen, wenn sie zusätzlich gekört sind, zur Paarung verwendet werden. Es ist selbstverständlich, daß derjenige, der diese Pferde trainiert und in Rennen startet, sachverständig sein muß. »Berufsfahrer im Trabrennsport« ist deshalb ein anerkannter

Ausbildungsberuf. Nach der Ausbildungszeit, der gesetzlich festgelegten Berufsabschlußprüfung als Pferdewirt – Schwerpunkt Trabrennfahren – und der erforderlichen Berufstätigkeit folgt die Weiterbildungsmöglichkeit zum Trabertrainer. Dieser Status ist derzeit allerdings noch von der Dachorganisation für das Trabrennwesen, dem Hauptverband für Traberzucht und Rennen (HVT), geregelt.

Der Pferdewirt – Schwerpunkt Rennreiten

Bei den Galopper-Rennpferden liegt ebenfalls der Leistungsprüfungsgedanke dem gesamten Turfwesen zugrunde. Vollblutpferde waren die ersten Tiere, die nach Leistung selektiert wurden. Englisches Vollblut wird nach strengen Regeln gezüchtet und nicht minder gewissenhaft aufgezogen und für das Rennen vorbereitet.
Der Beruf des Rennreiters oder Jockey verlangt sportliches Können, Mut, Ehrlichkeit und Selbstdisziplin. Eine gewisse körperliche Eignung – niedriges Körpergewicht, meist verbunden mit geringer Größe – ist allerdings Voraussetzung. Der Rennreiter trainiert und startet seine Pferde auf der Flachrennbahn, einem meist hervorragenden Rasengeläuf, sowie auf der Hindernisbahn. Bei den Rennen auf der Hindernisbahn unterscheidet man Hürdenrennen über bewegliche und umwerfbare Reisighürden sowie Jagdrennen über feste Hindernisse wie zum Beispiel Wälle, Bürsten, Hecken, Mauern und Gräben.
Nach der Abschlußprüfung als Rennreiter steht auch der Weg offen für eine Fortbildung zum Trainer, genauer zum Trainer für Galopperpferde. Die zuständige Aufsichtsorganisation für diese privatrechtlich geregelte Berufsfortbildung ist das Direktorium für Vollblutzucht und Rennen e.V..

Im weiteren Verlauf dieses Buches sind in erster Linie die Kenntnisse und Fertigkeiten für den Pferdewirt – Schwerpunkt Reiten und Schwerpunkt Zucht und Haltung – berücksichtigt. Das Grundwissen ist jedoch gleichermaßen in den vier Schwerpunktbereichen des Pferdewirtes identisch oder zum mindesten ähnlich, soweit es nicht die sportlichen oder Wettkampfbereiche betrifft.

Haltung, Training und Leistungsprüfung von Rennpferden sind
der Wirkungsbereich des Pferdewirtes – Schwerpunkt Trabrennfahren (oben) und Rennreiten (unten).

Der Weg vom Reiterpaß zum Pferdewirt/Reiten

Anforderungen	Reiterpaß	Deutsches Reiterabzeichen III. Klasse (Bronze)
Dressur	Beherrschung der Grundgangarten, Paraden, Wendungen, Leichttraben im Gelände.	Anforderung der Dressur Kl. A (Trense): Grundgangarten und Verstärkungen, Volten und Wendungen, Paraden zum Halten aus allen Gangarten, Wendungen auf der Vorhand, Schenkelweichen.
Springen	Überwinden von am Boden liegenden Baumstämmen, evtl. Überwinden von Geländesprüngen bis 80 cm.	Anforderungen im Springen gemäß Kl. A: Überwinden eines Parcours mit 8–14 Hindernissen, darunter bis zu zweifachen Kombinationen. Abmessung der Hindernisse. Höhe: 1,00–1,10 m Weite: 1,20–1,40 m Graben: 3,00 m.
Theoretische Kenntnisse	Einblick in die Grundkenntnisse über: Ausrüstung, Beschreibung von Farbe und Abzeichen des Pferdes, Haltung, Pflege, Fütterung, Tierschutz, STVO, Bundeswaldgesetz, Kenntnis der wichtigsten land- und forstwirtschaftlichen Kulturpflanzen und Giftpflanzen.	Überblick in den Grundkenntnissen wie nebenstehend, Einblick in die Leistungsprüfungsordnung (LPO), Rassenkunde, Organisation von Pferdesport, STVO.

Reitwart (Amateur-Ausbilder)	Deutsches Reiter-abzeichen II. Klasse (Silber)	**Pferdewirt – Schwerpunkt Reiten (Bereiter): Abschlußprüfung**
Anforderungen der Dressur Kl. A: Grundgangarten und Verstärkungen, Volten und Wendungen, Paraden zum Halten aus allen Gangarten, Wendungen auf der Vorhand, Schenkelweichen.	Anforderungen der Dressur Kl. L (Kandare): Grundgangarten mit Verstärkung und Versammlung, Außengalopp, Hinterhandwendung. (Bewertet werden eine Sonderprüfung oder Turniererfolge.)	Anforderungen der Dressur Kl. L (Kandare): Grundgangarten mit Verstärkungen und Versammlung, Außengalopp, Hinterhandwendung. Alle Lektionen der Kl. L gemäß Aufgabenheft zur LPO.
Anforderungen im Springen gemäß Kl. A: Überwinden eines Parcours mit 8–14 Hindernissen, darunter bis zu zweifachen Kombinationen. Abmessung der Hindernisse: Höhe: 1,00–1,10 m Weite: 1,20–1,40 m Graben: 3,00 m.	Anforderungen im Springen gemäß Kl. L: Parcours mit 10–16 Sprüngen bis 1,20 m Höhe und 1,50 m Weite. Graben: 3,50 m.	Anforderungen im Springen gemäß Kl. L: Überwinden eines Parcours mit 10–16 Sprüngen mit 2 zweifachen oder 1 dreifachen Kombination. Hindernishöhe bis 1,20 m Hindernishöhe bis 1,50 m Graben: 3,50 m.
Beherrschung der Reitlehre einschließlich der Lektionen Kl. E, A, L. Beherrschung des Stoffes zur Weitergabe im Unterricht auf Vereinsebene: Ausrüstung, Haltung, Pflege, Tierschutzgesetz, STVO, Bundeswaldgesetz, Kultur- und Giftpflanzen, LPO, APO, Rassen- und Züchtungskunde, Organisation von Pferdesport und -zucht. Erste Hilfe.		Praktische Erteilung von Reitunterricht einschließlich der Lektionen der Kl. L mit Korrekturen. **Fertigkeiten und Kenntnisse auf folgenden Gebieten:** Füttern, Tränken und Pflegen von Pferden; Beurteilen und Beschreiben von Pferden; Behandeln von Wunden, Anlegen von Verbänden, Hilfe beim Hufbeschlag; Pflegen und Ausbessern von Ausrüstung und Zubehör; Arbeitsschutz und Unfallverhütung. **Kenntnisse auf folgenden Gebieten:** Pferdekrankheiten und ihre Bekämpfung; Ausbildungs- und Trainingsmethoden; Fortpflanzung, Züchtung, Vererbung und Rassen; Fütterungslehre, Futtergewinnung und -verwendung; Stallformen, Stallklima, Haltungsformen; Betriebsorganisation, Betriebsfläche, Arbeitskräfte, Güter des Betriebes, Kosten wichtiger Güter des Betriebes; Fachrechnen; Rechtsfragen im Bereich Pferdezucht und -haltung sowie Pferdesport; Wirtschafts- und Sozialkunde; Umweltbelastungen und Umweltschutz.

Die Praxis im Sattel und im Pferdestall

Am Zügel

Über dem Zügel

Gegen den Zügel

Auf dem Zügel

Hinter dem Zügel

und falscher Knick

Grundausbildung und Grundlagen in der Dressur

Die reiterliche Ausbildung des Pferdewirtes – Schwerpunkt Reiten – (der Einfachheit halber ist er nachstehend als Berufsreiter bezeichnet) zieht sich über die gesamte Ausbildungszeit hin. Die Ausbildungsdauer beträgt nach den gesetzlichen Bestimmungen 3 Jahre. Die Verordnung über die Berufsausbildung zum Pferdewirt läßt eine kürzere Ausbildungszeit von 2 Jahren zu, wenn eine Abschlußprüfung in einem anderen Ausbildungsberuf bestanden wurde oder der erfolgreiche Besuch der 10. Klasse einer weiterführenden Schule bzw. ein gleichwertiger Schulabschluß vorgewiesen werden kann. Eine Abkürzung der Ausbildungszeit setzt voraus, daß Grundkenntnisse im praktischen Reiten, in der Dressur wie im Springen vorhanden sind, sonst ist das Ziel kaum erreichbar.

In einer Stufenausbildung werden im ersten bis zweiten Ausbildungsjahr reiterliche Kenntnisse und Fertigkeiten vermittelt, die etwa den Anforderungen der allgemeinen Klasse – Klasse A – entsprechen. Im zweiten und dritten Jahr wird die Reitfertigkeit vertieft. Zu Beginn des letzten Drittels der Ausbildung muß in der Dressur das Reiten auf Kandare einsetzen. Bis zum Ende des dritten Jahres – bzw. bis Ende des zweiten Jahres bei zweijähriger Ausbildung – muß der Auszubildende alle Lektionen der Dressur Klasse L einwandfrei und sicher beherrschen. Die Prüfungsanforderungen verlangen die reiterliche Vorstellung einer L-Dressur, die jederzeit auf einem Turnierplatz wettbewerbsfähig ist. Die Lektionen dürfen nicht nur gezeigt werden; es müssen Ausdruck, Brillanz, auch Versammlung und Verstärkung voll zur Geltung kommen. Die kritischen Einzellektionen bleiben hier wie bei anderen wettkampfmäßigen Dressurprüfungen der Außengalopp, korrekte Wendungen auf der Hinterhand mit aktiv tätigen Hinterbeinen, des weiteren schwungvolle Entfaltung von Mitteltrab und starkem Trab sowie von Mittelgalopp und starkem Galopp.

Dem Sitz des Reiters wird ein sehr hohes Maß an Bedeutung beigemessen, denn jede planvolle Weiterentwicklung der Einwirkung und Hilfengebung kann nur aus einem unabhängigen, korrekten Sitz erfolgen. Jeder weitere Aufbau der Leistung bis zu den Klassen M und S, mit nuancierter Hilfengebung, ist nur aus einem absoluten Gleichgewichtssitz bei differenzierter Belastung des Pferderückens möglich. Leichte und vorbildliche Zügelführung, ein beliebig variierbarer Schenkel für treibende, verwahrende und seitwärtsweisende Hilfengebungen resultieren nur aus diesem Sitz.

Im individuellen Ausbildungsplan ist es deshalb notwendig, daß der Auszubildende im 1. bis 2. Ausbildungsjahr 2 bis 4 Pferde unter Aufsicht und Korrektur zu reiten hat. Im 3. Ausbildungsjahr sollten es nicht weniger als 4 bis 6 Pferde täglich sein. Die Zahl ist nicht nur wegen des zeitlichen Trainings erforderlich, sondern insbesondere deshalb, weil nur auf möglichst unterschiedlichen Pferden eine Kompensation der Einwirkung und der Reitweise überhaupt erfolgen kann. Jeder Reiter, der nur ein Pferd regelmäßig reitet, ebenso jedes Pferd, das nur von einem Reiter regelmäßig geritten wird, wird früher oder später von der subjektiven Art des anderen beeinflußt.

Der Ausbildungsweg des Pferdes geht durch die Perioden Erziehung und Gewöhnung, die sogenannte Vertrauensperiode. Es folgt die Entwicklung der Schubkraft und des Schwunges. Mit der Entwicklung der Tragkraft kommt schließlich die Versammlung.

Dem Reiter vermittelt der Ausbilder im folgerichtigen Aufbau:

Korrekter Sitz

Spaltsitz

Stuhlsitz

- den Sitz
- die Hilfengebung
- das Reitergefühl
- die Einwirkung

Beim Sitz ist nicht nur auf die äußere Form, sondern vor allem auch auf Balance, Losgelassenheit und das Eingehen in die Bewegung des Pferdes zu achten. Auch die Hilfengebung wird klar zergliedert. Hilfen werden gegeben mit

- Gewicht
- Schenkel
- Zügel
- Stimme

17

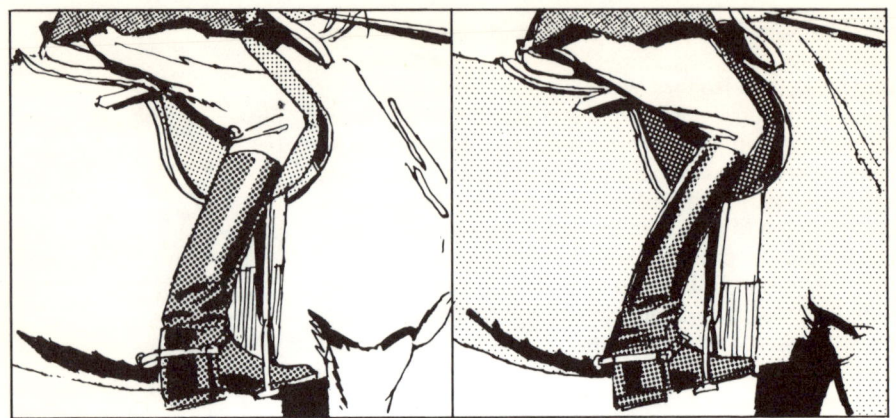

Treibender Schenkel am Gurt

Verwahrender oder seitwärtstreibender Schenkel hinter dem Gurt

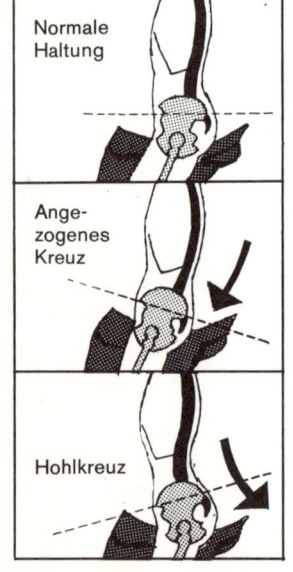

Normale Haltung

Angezogenes Kreuz

Hohlkreuz

Die Gewichtshilfen werden beidseitig belastend, einseitig belastend oder entlastend vermittelt. Der Schenkel des Reiters ist treibend am Gurt, verwahrend-passiv etwa eine Handbreit hinter dem Gurt. Der seitwärts treibende Schenkel liegt in gleicher Höhe des verwahrenden Schenkels; er wirkt jedoch aktiv, um eine Seitwärtsbewegung des Pferdes zu veranlassen. Die Schenkel liegen bei der gesamten Hilfengebung ruhig am Pferdeleib, die Aktivierung erfordert lediglich mehr Druck. Es kommt nie zum Stoßen oder Hacken mit Wade oder Absatz.

Bei den Zügelhilfen dominiert der nachgebende Zügel. Er folgt jeder anderen Zügelhilfe. Die annehmende Zügelhilfe besteht aus halben bzw. ganzen Paraden, die sich aus mehreren halben Paraden zusammensetzen. Die verwahrende Zügelhilfe begrenzt die Stellung des Pferdes im Hals. Diese Stellung darf nie stärker durch den Einfluß der Hand herausgearbeitet werden, als die Biegung des Pferdes bei der gleichen Lektion ist.

Durchhaltende Zügelhilfen gehören nicht zum üblichen Repertoire der Einwirkungen auf das Pferd. Sie sind die Korrektur bei einem Pferd, das stark über oder gegen den Zügel geht. Das Durchhalten muß dabei unbedingt bis zum Erfolg durchgesetzt werden, sonst bewirkt es beim Pferd eine falsche Reaktion und trainiert gleichzeitig noch die Unterhalsmuskulatur. Sie ist bei Pferden, die dies notwendig haben, meist ohnehin stark ausgeprägt. Die

18

durchhaltende Zügelhilfe weicht sofort dem nachgebenden Zügel, wenn die Beizäumung erreicht ist. Nur das fein abgestimmte Zusammenwirken der gesamten Hilfen vermittelt dem Pferd den richtigen Befehl und sichert das Gelingen der gewünschten Lektionen. Die einzelne Hilfe allein führt in keinem Fall zu einem korrekten Ergebnis. Die Bedeutung der treibenden Hilfen steht dabei immer hoch über der Bedeutung der verhaltenden Hilfen.

Springausbildung

Die korrekte Springausbildung des Berufsreiters umfaßt eigentlich alle Klassen. Die wachsende Routine von Reiter und Pferd, das Geschick, rechtzeitig zuzureiten und das Springvermögen des Pferdes lassen aus einem guten Reiter der Klasse L in relativ kurzer Zeit einen Teilnehmer an höheren Prüfungen der Klassen M und S werden. Die wirkliche Voraussetzung ist natürlich, daß die leichte Klasse vollkommen beherrscht und souverän geritten wird.

Die Arbeit beginnt nicht im Parcours, sondern bei der Grundausbildung des Springpferdes, das möglichst früh an allerdings ganz niedrige Hindernisse zu gewöhnen ist, dessen Sprungkraft durch Gymnastizierung der Hinterhand gefördert werden muß und dessen Vertrauen ganz besonders zu festigen ist. Es ist durchaus zweckmäßig, auf dem Weg zu den Koppeln oder zum Tummelplatz bereits die Fohlen Naturstangen, aber auch bunte Stangen von 20- 30 cm Höhe überwinden zu lassen. Jeder Springausbildung unter dem Reiter muß eine Dressurausbildung vorausgehen, die ein korrektes Annehmen aller treibenden und verwahrenden Hilfen sicherstellt. Dem jungen Pferd wird man zu Beginn mit freundlichen Hindernissen und Absprunghilfen zeigen, wo der optimale Punkt zum Abspringen für die physikalisch richtige Flugbahn liegt. Im Training ist es wesentlich, dem Neuling-Pferd rechtzeitig alle verschiedenen Hindernisse anzubieten. Darunter sind nicht nur die Arten der Sprünge wie Weitsprung, Steilsprung, Hoch-Weitsprung zu verstehen, sondern Stangen, Gatter, Bürsten, Planken, Mauern, Brückenmauern, und diese in allen verschiedenen Farben. Natürlich beginnt man beim

Korrekter Sitz

Falsch: Reiter nicht genügend vom
Sattel gelöst, zu hohe Hände

Falsch: Der Reiter steht auf,
Unterschenkel zu weit zurück

Falsch: Reiter löst sich nicht vom Sattel,
bleibt hinter der Bewegung zurück,
Unterschenkel falsch vorgestreckt –
Pferd springt ohne Rücken

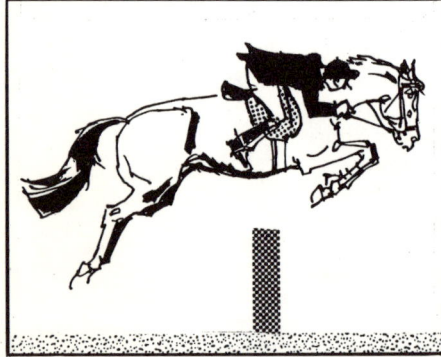

Falsch: Der Reiter beugt sich zu weit
seitwärts am Pferdehals, Unterschenkel
viel zu weit zurück – Pferd wird im
Gleichgewicht gestört

Falsch: Reiter löst sich nicht vom Sattel,
Arme gespreizt

Springtraining überall bei möglichst niedrigen Höhen – etwa bei 50-60 cm – und steigert ganz allmählich. Zu Anfang der Ausbildung wird keinesfalls ein kompletter Parcours gesprungen. Die Kraft und Konzentration reichen dafür noch nicht aus. Lediglich Einzelhindernisse oder Parcoursausschnitte mit zwei, drei Hindernissen sind sauber zu überwinden.

Ein bewährter Leitsatz ist, vom Reiter wie vom Pferd nie etwas um einen Tag zu früh zu verlangen. Der Rückschlag im Ausbildungsfortschritt macht dann rasch einige Wochen aus. Das Ziel, das sonst wenige Tage später erreicht worden wäre, rückt erneut in die Ferne.

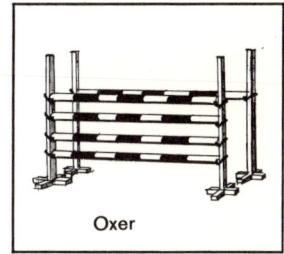

Steilsprung

Oxer

Geländereiten

Eine abgeschlossene Grundausbildung, Dressur- und Springausbildung sind die Voraussetzung für das Reiten im Gelände, obwohl diese Art der Fortbewegung für das Pferd das Ursprünglichste gewesen ist. So gibt es auch heute noch eine bestimmt nicht unorthodoxe Methode, junge Pferde von Anfang an im Gelände anzureiten und dort ihre Leistung zu steigern. Diese Art der Reitausbildung wurde vor allem in den ländlichen Reit- und Fahrvereinen gepflegt, die lange Zeit und lange Jahre überhaupt nicht über die Ausbildungsmöglichkeit in Hallen oder auf Sandreitplätzen verfügten. Bedingt durch die Unregelmäßigkeit der Ausbildung – Winter und Regenperioden hemmen den kontinuierlichen Ausbildungsweg – sind diese Reiter meist im Spitzensport gehandikapt; ihre Grundlage ist jedoch viel solider, und der Ausbildungsgrad, den diese Pferde und Reiter erreichen, ist ein selbsterarbeiteter, der nicht so leicht beeinträchtigt werden kann. Die regelmäßige Arbeit von Pferden im Gelände fördert ganz wesentlich das Gleichgewicht und die Trittsicherheit. Pferde, die ständig auf unebenem Boden gearbeitet werden, haben gestählte Sehnen und Gelenke; bei ihnen kommt ein Stolpern seltener vor, genausowenig wie ein ständiges Vertreten und Überdehnen der Beinsehnen. Aber nicht nur auf das Fundament, auf die Organe, Lunge und Herz wirkt sich die Gymnastizierung im Freien aus, sondern ganz besonders auf die Psyche. Mit ruhiger

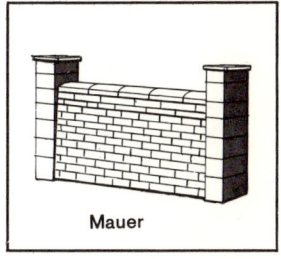

Triplebar

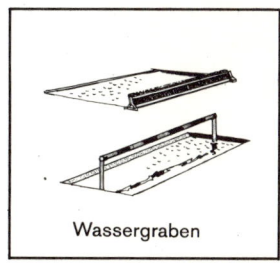

Mauer

Wassergraben

Vielseitig sind die Geländesprünge; der Trakehnergraben vereint ihre Probleme: hoch – weit – Wasser.

Gelassenheit galoppieren diese Pferde allen ihnen fremden Dingen entgegen. Sie sind gewohnt, in der Natur immer wieder Neuem zu begegnen. Das bringt unmeßbare Vorteile für den wettkampfmäßigen Vielseitigkeitsreiter, der in Stubbendorff- oder Militaryprüfungen an den Start geht.

Leistung ist in der Vielseitigkeit Arbeit mal Zeit. Im Verlauf des Trainings muß sich beim Reiter ein sicheres Zeit- bzw. Tempogefühl entwickeln. Die später vorgeschriebenen Mindestzeiten auf Wegestrecken im Trab, auf der Rennbahn wie auf der Querfeldeinstrecke müssen dem versierten Reiter im Blut liegen. Die Stoppuhr am Handgelenk dient nur der genauen Kontrolle.

Zum Dauertraining für lange Querfeldeinstrecken arbeitet man mit einer systematischen Steigerung der Distanz, und schließlich, wenn die geforderte Länge der Strecke im Training erreicht wurde, erhöht man das Tempo. Auch mit der Methode des Intervalltrainings lassen sich gute Zeiten und Leistungen erreichen.

Das Reiten von Geländesprüngen geht nicht ganz konform mit dem Training über Hindernisse im Parcours. Hier sind die Hindernisse niedriger, aber fest, so daß man ein Hineingleiten, ein Hineinspringen oder möglichst sogar ein Touchieren unbedingt vermeiden muß.

Ein Vielseitigkeitspferd, das einmal in einen Morast hineingeritten wurde und das einer Hinderniskombination nur mit Schmerzempfinden entkam, braucht geraume Zeit, um wieder volles Zutrauen zu seinem Reiter zu bekommen. Wiederum gilt, es nicht zu überfordern. Der Gehorsam zum Springen muß so weit entwickelt sein, daß selbst aus dem Schritt oder Stand und natürlich aus dem Trab die hier aufgebauten Höhen überwunden werden. Schwierige Zugänge zu den Sprüngen, Bergabsprünge oder Kombinationen erfordern dies oft genug. Ein Pferd, das nur aus vollem Speed die Hindernisse – ausgenommen Weit- und Hochweitsprünge – einer Vielseitigkeitsstrecke überwindet, ist geradezu gefährlich. Im Training muß mit Absprunghilfen und aus dem Trab über niedrige Höhen geübt werden. Was sich im Parcours nicht schön anhört, ist für den Vielseitigkeitsreiter eine wertvolle Hilfe. Der Einsatz der Stimme kann zum Parieren oder Antreiben des Pferdes dienen. Wenn beispielsweise ein Sprung in einen von Gebüsch umsäumten Wald

den Reiter plötzlich zwingt, die Augen zu schließen, so ist es jedenfalls besser, die Parade mit der Stimme anzubringen, als das Pferd mit dem Zügel möglicherweise aus dem Gleichgewicht zu bringen oder gar an einen Baum zu lenken. Mit dieser Einwirkung über die Stimme auf das Pferd drückt sich bereits das Vertrauen des Reiters aus, das er zu seinem Pferd im Gelände haben muß. Keine Disziplin verlangt so viel gegenseitigen Kontakt, gegenseitiges Vertrauen, wie gerade der Vielseitigkeitsreitsport.

Bei der Ausbildung von jungen Leuten in diesem Beruf soll der Geländeausbildung deshalb ein nicht zu schmaler Raum eingeräumt werden. Die Einstellung zum »Kameraden« Pferd wird nirgendwo besser geprägt.

Harmonie zwischen Pferd und Reiter: Tiefsprünge fordern Gehorsam vom Pferd und Mut vom Reiter. Man trainiert sie sehr »sparsam«, um die Pferde zu schonen.

Zucht und Aufzucht ohne die erforderlichen Weideflächen sind nicht möglich.

Pferdehaltung

Eine ordentliche Pferdehaltung ist entsprechend den heutigen Erkenntnissen nach zwei Gesichtspunkten ausgerichtet:

1. Es müssen stets die physiologischen und psychologischen Eigenarten des Pferdes berücksichtigt werden.
Als Steppentier und Fluchttier beansprucht es eine gewisse Bewegungsfreiheit auch bei der Stallhaltung. Als Herdentier benötigt es möglichst ganztags Kontakt zu seinen Artgenossen.
2. Neben den Belangen des Tieres sind die Belange des Halters maßgebend. Hier spielen einmal eine preisgünstige Unterbringung, d. h. ein Stallbau eine Rolle, der nicht allzu kostenaufwendig ist, zum andern aber arbeitswirtschaftlich so eingerichtet und bestückt ist, daß sich auch die laufenden Kosten in einer angemessenen Höhe bewegen. Umbauten und Einbauten in alten Ställen schränken

24

die freie Planung und Entfaltung nicht selten ein, dafür kommen sie häufig preisgünstiger.

Bei neu zu errichtenden Ställen bevorzugt man isolierte Holzställe, die von der Anschaffung wie von der Benutzbarkeit her Vorteile gegenüber aufwendigen Steinbauten bieten. Sie sind klimatisch und wärmetechnisch weniger problematisch.

Als Grundfläche pro Pferd im Stall muß man 13 m^2 in Anrechnung bringen. Davon entfallen 10 m^2 auf die Boxe selbst, der Rest ist für die Stallgasse erforderlich. Bei zweireihiger Boxenaufstallung und in der Mitte verlaufendem Stallgang reduziert sich diese Fläche geringfügig, bei einseitiger Boxenaufstallung erhöht sie sich. Die Boxenwände werden zweckmäßig aus stehenden, 3-4 cm starken Holzbohlen hergestellt. Die Höhe der geschlossenen Bohlen der insgesamt ca. 2,20 m hohen Boxenwände reicht bis ca. 1,40 m über dem Boden. Den oberen Teil bilden zweckmäßigerweise Gitterstäbe mit einem Durchmesser von 2-2,5 cm und einem Zwischenraum von 7 cm.

So eingerichtete Boxen ermöglichen den Tieren eine Kontaktaufnahme untereinander, verbessern

Licht, Luft und Reinlichkeit im Stall fördern die Pferdegesundheit und damit jede Art von Leistung.

25

Ein mit Deckel verschlossenes Tränkebecken ist gegen Staub, Mist und Einstreu geschützt.
Der darauf befestigte Leckstein wird gerne benutzt.

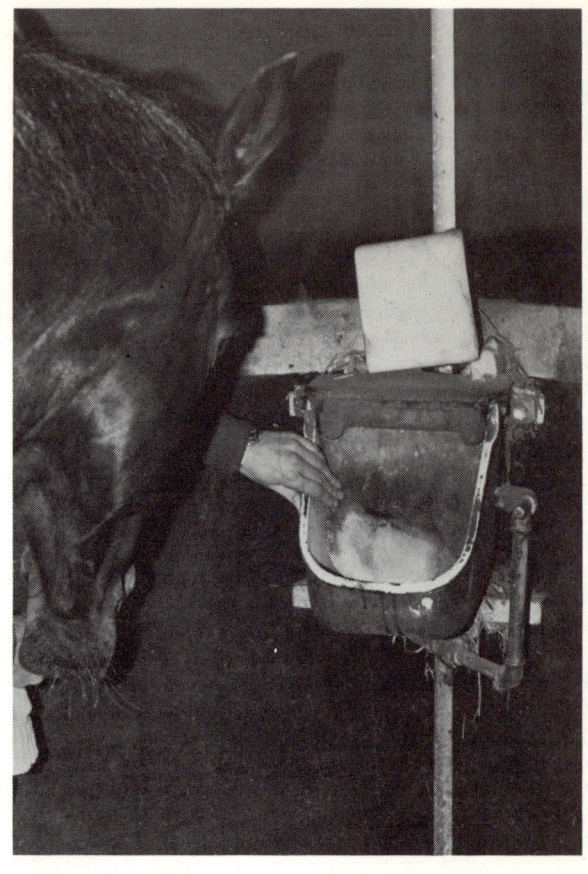

die Durchlüftung und verhindern bei den angegebenen Zwischenräumen ein Hängenbleiben der Hufe, wenn die Tiere einmal vor Übermut aufsteigen, sich gegenseitig befehden oder beim Wälzen am Boden ein Bein bis zu den Gitterstäben hochstecken. Die Breite der Boxentüre sollte nicht unter 1,10 m liegen. Ob man Schiebetüren oder Türen mit gewöhnlichen Angeln verwendet, hängt vom Kostenaufwand, besonders aber auch von der Breite der Stallgasse ab. Türen mit Scharnieren sollten sich jedenfalls bis zur Wand zurückschlagen lassen. Vorstehende Teile wie Klinken, Riegel, Verschlüsse erhöhen das Verletzungsrisiko und die Gefahr des Hängenbleibens.
Zur Boxeneinrichtung gehören Futterkrippe und Tränke. Beide sind etwa auf 0,90-1,00 m Höhe – Oberkante – angebracht. Die Krippe hat eine Freß-

mulde von ca. 50 cm Länge, 25 cm Breite und 20 cm Tiefe. Ein nach innen zurücktretender Wulst verhindert das Ausstreuen des Kraftfutters. Der aufgemauerte Keramikbarren ist in alten oder auch in teuer angefertigten Ställen die Regel, nicht reißbares Kunststoffmaterial oder auch nicht rostendes Stahlblech von besonderer Güte ergeben zweckmäßige und preiswerte Krippen. Besonders als Eckkrippen sparen sie Raum und verhindern, da keine Kanten und Ecken hervortreten, Verletzungen beim Aufstehen des Pferdes in der Boxe. Aus arbeitswirtschaftlichen Gründen gibt es für den Barren nur eine richtige Stelle, wo er angebracht werden muß, nämlich zur Stallgasse hin.

Die Beschickung erfolgt durch einen ca. 40 cm breiten und 20 cm hohen Schlitz über dem Barren. Über diesen Schlitz kann bei jedem Betreten des Stalles überblickt werden, ob alle Pferde ausgefressen haben. Die Selbsttränke – sie ist heute die einzig vertretbare Art für Wasserversorgung im Pferdestall – liegt in der Boxe zweckmäßigerweise diagonal gegenüber. Dadurch wird vermieden, daß Wasser in das Körnerfutter gelangt. Zum anderen werden Körner nicht in das Tränkbecken gestreut

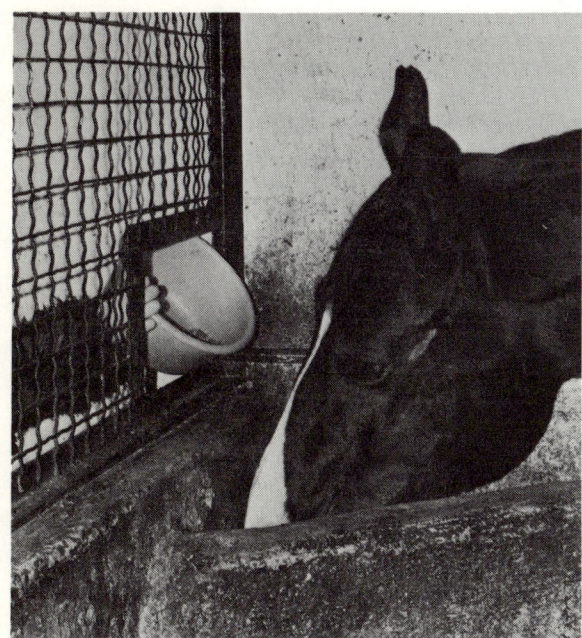

Technisch die beste und billigste Einrichtung zur Krippenbeschickung: ein Schlitz ohne jeden Mechanismus.

27

und dies ständig verschmutzt. Durch ständiges Saufen während des Fressens verringert sich zudem die Einspeichelung des Kraftfutters und somit bereits ein Teilvorgang der Verdauung.

Eine Heuraufe erübrigt sich. Das Rauhfutter wird am Boden in einer Ecke neben der Krippe den Tieren zum Fressen angeboten. Die überlieferte Art, den Pferden das Heu in einer hochangebrachten Raufe darzureichen, ist der Rückenmuskulatur nicht dienlich und bringt Staub und Heureste in die Augen und Mähnen der Pferde.

Licht und Luft sind wichtige Komponenten für Leben und Wohlbefinden unserer Pferde im Stall. Der Frischluftversorgung dienen die Fenster, die einen gewissen Luftaustausch ermöglichen. Bei einem größeren Pferdebestand wird man ohne einen entsprechenden Abluftschacht nicht auskommen. Dieser besitzt an der Decke bzw. am Boden jeweils eine Öffnung zum Regulieren der Zu- und Abluft. Den Luftaustausch auf mechanischem Weg zu unterstützen (Ventilatoren), ist, soweit andere Möglichkeiten fehlen, eine Notlösung. Sie verursacht Dauerkosten und ist mit Geräusch verbunden. Die erforderliche Wärme (die meisten Pferdeställe sind ohnedies zu warm) ist sichergestellt, wenn Besatz – je Pferd ca. 35 m^3 –, Deckenhöhe und Isolation aufeinander abgestimmt sind. Die Deckenhöhe soll bei kleineren Ställen (bis etwa 8 Pferde) rund 3 m betragen, bei größeren Ställen 3,50 m – 4 m. Der Bedarf an umbautem Raum wird verständlich, wenn man sich bewußt ist, daß ein mittleres Warmblutpferd zum Sauerstoffaustausch stündlich rund 91 m^3 Atemluft benötigt, im gleichen Zeitraum in der verbrauchten, ausgeatmeten Luft 300 g Wasser ausscheidet und 750 Kcal. Wärme abgibt.

Bei der Haltung ist der Umgang des Stallpersonals mit den Pferden ein wichtiger Punkt. Was nützt alle Umweltfreundlichkeit des Stalles, die dem Tier fast seine natürlichen Gegebenheiten wiederbringen, wenn ein bedeutender Störfaktor, hier der Mensch, darin regiert. Ruhige Ansprache an die Tiere, gleichmäßige Bewegungen ohne Hektik und freundlicher Umgang prägen das Wesen unserer domestizierten Pferde. Mit etwas Erfahrung kann man in jedem Pferdestall das Stallpersonal abschätzen und taxieren, ohne es gesehen zu haben. Kommen die Tiere vertrauensvoll an das Boxengitter und lassen sich bei Betreten der Boxe von allen Seiten berühren, ohne dabei nervös zu werden und umherzulaufen, dann herrscht gutes Verhältnis und Ordnung. Werfen die Pferde erschreckt die Köpfe in die Höhe, wenn nur jemand durch die Stallgasse geht, drängen sie in die hinterste Ecke ihrer Boxe oder drehen gar dem Besucher die Hinterseite zu, dann weiß man, daß hier nicht die Hand eines verständigen Pferdemenschen waltet oder jedenfalls längere Zeit gewaltet hat.

Pferdepflege

Die übliche Pferdepflege von intensiv gehaltenen Reitpferden wird täglich und zwar frühmorgens oder am Vormittag erledigt. Als Pflegewerkzeuge dienen: Eine grobe Reis- oder Wurzelbürste, eine Roßhaarkardätsche, ein Stahl- oder Gummistriegel, zwei Schwämme, ein Putztuch, ein Kufkratzer, Huffett und Pinsel. Wird die Putzarbeit maschinell erledigt, dann ersetzt der Staubsauger mit grobem und feinem Bürstenvorsatz sowie mit Striegel die entsprechenden Handgeräte. Kopf, Beine und all jene Körperteile, bei denen das Fell dünn über den Knochen liegt, werden mit der Kardätsche bzw. feiner Bürste bearbeitet; alle bemuskelten Körperteile werden zu Beginn der Putzarbeit mit dem Striegel aufgerauht, so daß die feinen Schmutzteilchen in den Striegel gelangen. Dieser wird von Zeit zu Zeit in der Boxenecke, möglichst dort, wo der Mist liegt oder außerhalb der Boxe, am Boden ausgeklopft. Die Putzarbeit wird mit der Kardätsche, die immer wieder am Striegel abgezogen wird, von vorne nach hinten, d. h. vom Kopf zum Schweif bzw. zu den Beinen vollzogen. Zum Abschluß werden mit einem Schwamm Augen und Nüstern, mit dem anderen Schwamm die Geschlechtsteile und der After gereinigt. Das Fell des fertig geputzten Pferdes wird mit dem Putztuch, einem möglichst rauhen Leinen, in Haarwuchsrichtung glattgezogen und von den letzten Staubkörnchen befreit.
Besonderer Aufmerksamkeit bedürfen die Hufe. Nur tägliche Reinigung und Überprüfung sichern, daß hier alles in Ordnung ist. Bei der morgendlichen Reinigung wird die gesamte Sohle mit dem Hufkratzer sauber gekratzt. Die äußeren Hufwände werden abgebürstet und Seitenwände sowie Sohle mit Huffett

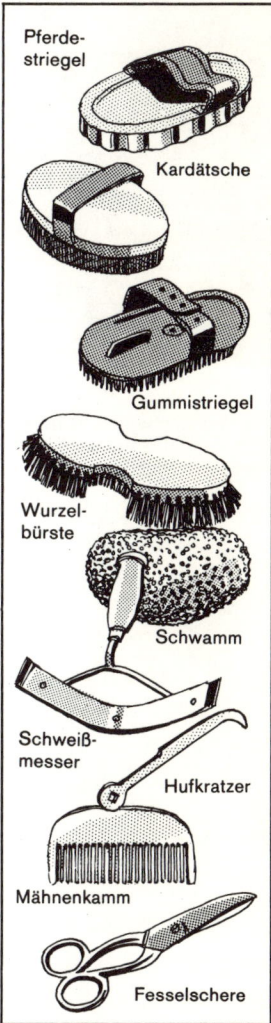

Pferdestriegel

Kardätsche

Gummistriegel

Wurzelbürste

Schwamm

Schweißmesser

Hufkratzer

Mähnenkamm

Fesselschere

Mit Kardätsche und Striegel
wird die Putzarbeit vom Kopf
zum Schweifende erledigt.

dünn eingestrichen. Im trockenen Zustand dringt das Huffett am leichtesten in die Oberfläche des Horns ein, daher ist es nicht zweckmäßig, vor dem Einfetten die Hufe zu waschen. Dies erfolgt nach der Arbeit, wenn auf aufgeweichtem Boden oder nassem, tiefem Sand bzw. Rasen trainiert wurde. Nach der Arbeit wird der Huf erneut hochgehoben und von allen Erd- und Sandresten befreit. Besonders gilt die Überprüfung den Strahlfurchen und der Engstelle zwischen Strahl und Eckstreben, denn hier ist die Gefahr groß, daß sich Steine festklemmen und eine Entzündung der Huflederhaut hervorrufen. Zur obligatorischen Hufpflege gehört ein Besuch des Hufschmiedes im Abstand von ca. 6 Wochen. In diesem Zeitraum ist das Hufhorn 1–1,5 cm nachgewachsen. Der Tragrand wird beschnitten, das Eisen neu aufgelegt oder, wenn es bereits abgetreten oder abgeschliffen ist, durch ein neues ersetzt.
Es wäre falsch, bei harten Hufen und einem noch gut sitzenden Hufeisen länger zu warten. Die Hufwand an der Zehe wächst vermehrt, wodurch sich

die Stellung der gesamten Fessel zum Boden zu einem spitzeren Winkel verändert. Die Folge ist eine Überbelastung der Beugesehnen am Bein, einer ohnehin gefährdeten Stelle bei all unseren Leistungspferden.

Pferdefrisur

Jedes Reitpferd, besonders wenn es auf einer Leistungsschau vorgestellt wird, erhält eine entsprechende »Frisur«. Bei Material- und Eignungsprüfungen wie bei Dressurprüfungen messen Reiter und Jury diesem Verschönern besonders viel Wert bei. Es kommt ja nicht nur auf die Leistung an, sondern zusätzlich auf den Gesamteindruck, der nicht zuletzt mit dem Aussehen des Pferdes verbunden ist.

Schlecht gepflegter Schweif

Die Mähne wird etwas verdünnt und zwar durch Auszupfen der längeren Haare; diese werden auf der Seite entfernt, nach der die Mähne fallen soll. Ein kleines Büschel ums andere wird dabei um den kurzen Mähnenkamm gewickelt und nach unten ausgezogen. Nach Auslichten und Verkürzen werden die Spitzen des Mähnenhaares mit einem scharfen Messer gleichmäßig verlaufend eingekürzt. Die Länge der frisierten Mähne beträgt eine Handbreite. Man läßt sie einige Zentimeter länger, wenn man jedesmal beabsichtigt, Zöpfe einzuflechten und diese unterzubinden.

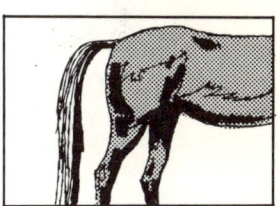

Gut gepflegter Schweif

Um die Bemuskelung der Kruppe zu zeigen und die Eleganz des Pferdes von rückwärts zu betonen, werden die Schweifhaare an der Schweifwurzel mit

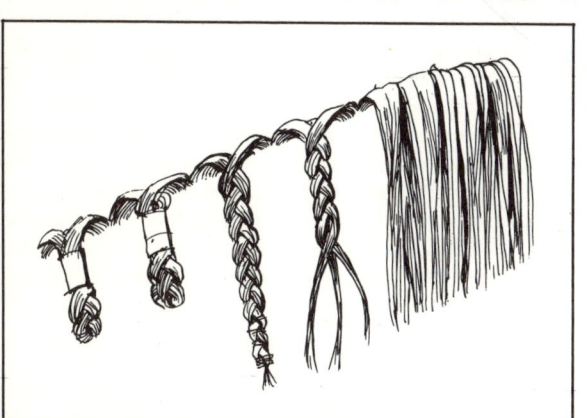

Die Mähnenhaare werden angefeuchtet, in Strähnen aufgeteilt und gleichmäßig eingeflochten.

Die Zopfspitzen werden mit kleinen Gummiringen umwickelt und mit Klebeband unter dem Zopfanfang befestigt.

einer leicht gebogenen Fesselschere seitlich schmal ausgeschnitten bzw. ausgezupft, so daß sich der Schweif erst 20–30 cm nach der Schweifwurzel zu seiner vollen Breite öffnet. Die Langhaare des Schweifes werden nie mit einer Bürste behandelt, sondern von Hand verlesen. Je gewissenhafter diese Arbeit erledigt wird, um so schöner fällt der Schweif. Die Behandlung des Roßhaares mit Shampoo darf nur selten vorgenommen werden, denn dabei wird ihm das natürliche Fett entzogen und das Haar wird für Verschmutzung viel anfälliger. Das Ende des Schweifes wird mit der Schere eingekürzt und zwar so, daß bei getragenem Schweif in normaler Trabaktion die Haarspitzen eine Handbreit unter dem Sprunggelenk glatt abgeschnitten sind. Die Fesselschere dient – ihr Name sagt es – in erster Linie zum Beschneiden des Fesselbehanges an den Vorder- und Hinterköten. Die Natur hat diesen Haarwuchs unterstützt, um im Freien die empfindliche Haut des Pferdes in der Fesselbeuge zu schützen und den Wasserablauf zu begünstigen.

Bei jungen Pferden oder bei Pferden im Winterhaar ist es notwendig, die langen Haare unter dem Unterkiefer auszureißen und die Reste abzusengen. Der »Bart« verunstaltet den Kopf sehr, und man wundert sich oft, warum dasselbe Pferdegesicht plötzlich im Winter ganz anders aussieht als im Frühjahr. Was nicht eingekürzt werden darf, sind die Tasthaare an Nüstern und Lippen. Sie gehören zu den feinen Sinnesorganen im empfindlichen Maul- und Nüsternbereich des Pferdes.

Bei intensiver Winterarbeit in der Halle hat es sich bewährt, das Fell ganz oder teilweise zu scheren. Bei einer teilweisen Schur bleibt das Haarkleid in der Sattellage, evtl. in der Nierenpartie und über der Kruppe bis zum Sitzbein erhalten. Die Meinungen über das Scheren gehen auseinander. Hat man viele Pferde zum Arbeiten und kaum Zeit, die Pferde trockenführen zu lassen oder trockenzureiten, so ist es wohl besser, den dicken Winterpelz rechtzeitig, d. h. im November abzunehmen. Die Pferde müssen dann im Stall wie beim Führen von und zur Halle mit einer Winterdecke »angezogen« werden.

Pünktliche Fütterungszeiten und individuelle Fütterung nach Bedarf und Leistung beeinträchtigen Wirtschaftlichkeit und Erfolg eines Stalles.

Fütterung

Für alle Berufsschwerpunkte beim Pferdewirt sind umfangreiche Kenntnisse über Fütterung, Physiologie des Verdauungstraktes, Futtermittel und Futtertechnik gleichermaßen wichtig. Eine vollwertige und schmackhafte Fütterung beeinflußt bei unseren Pferden Wohlbefinden, Gesundheit, Zuchttauglichkeit, Leistungsfähigkeit und nicht zuletzt das Äußere, nämlich das Fell, Langhaar und das frisch blickende Auge. Unser Bemühen im Stall muß dahin gehen, die Verhältnisse in der Natur möglichst nachzuvollziehen. Anatomisch und physiologisch ist die Natur des Pferdes auf die Eigenschaften des Steppentieres abgestimmt. Dieses Steppentier pflegt täglich zwischen 15 und 18 Stunden Futter zu sich zu nehmen. Der Magen ist relativ klein und faßt beim

Beim Rauhfutter und ganz besonders beim Kraftfutter gibt es nur eines: Nicht schätzen, sondern wiegen und messen!

Warmblutpferd ca. 15 Liter. Er ist mit einer Darmflora ausgestattet, die es ermöglicht, für uns unverdauliche Stoffe wie Zellulose, Holzstoffe und Korkstoffe zu verwerten. Diese Fähigkeit ermöglicht es Steppen- und Weidetieren, mit dem von der Natur gebotenen Futter überhaupt die notwendigen Bau- und Energiestoffe aufzunehmen.

Der Verdauungstrakt gliedert sich in 7 bedeutende Teile. Das sind: Maul, Schlund, Magen, Dünndarm, Blinddarm, Dickdarm und Enddarm oder After. Die Verdauung der Zellulose, die eine bedeutende Rolle spielt, geht in Dickdarm und Blinddarm vor sich. Besonders der Blinddarm ist damit befaßt, er besitzt ein Fassungsvermögen von etwa dreifachem Ausmaß des Magens. Rund 40-45 Liter Speisebrei können darin aufgenommen werden. Der Nährstoffbedarf und die in den Futtermitteln vorhandenen Nährstoffe spielen eine bedeutende Rolle.

Erst in jüngster Zeit hat die Wissenschaft konkrete Unterlagen über die Verdaulichkeit der Futtermittel im Pferdemagen erarbeitet. Die von der Universität Hohenheim und der Deutschen Landwirtschaftsgesellschaft erarbeitete Futterwerttabelle für Pferde läßt seit dem Jahre 1974 eine exakte Berechnung des Bedarfes und der angebotenen Futterration zu.

In der täglichen Futterration müssen all jene Stoffe vorhanden sein, die den Tierkörper ausmachen. Dies ist einmal Energie, also Brennstoff für die Erhaltung der Eigenwärme und die Muskelleistung. Zu den Energiespendern zählen Kohlehydrate, Zucker, Stärke, Rohfaser. Energie wird besonders von ausgewachsenen Tieren im Leistungssport oder in der Arbeit benötigt. Die nächste Gruppe umfaßt die Baustoffe. Das sind die Eiweiße und übrigen stickstoffhaltigen Verbindungen. Sie werden in der Fütterungslehre unter den Rohproteinen zusammengefaßt. Die Baustoffe bilden die Grundlage für den Muskelaufbau. Sie sind besonders notwendig bei wachsenden Tieren und bei trächtigen Stuten. Weitere Bestandteile des Tierkörpers sind die Mengen- und Spurenelemente. Kalk und Phosphor sind die wichtigsten Mengenelemente. Ein Verhältnis von 1,5:1 entspricht dem Bedarf und Aufbau des Tierkörpers. Kalk und Phosphor finden wir in erster Linie im Knochenbau des Säugetieres wieder. Ebenfalls zu den Mengenelementen gehört Natriumchlorid. Wir verabreichen es als Viehsalz. Der Verbrauch dieses Elements hängt von der Schweißabsonderung, d. h. von der Arbeitsintensität ab. Das Magnesium hat mannigfaltige Aufgaben im gesamten Tierkörper; nicht zuletzt bei der Verdauung spielt es eine Rolle. Zum Ankurbeln des Verdauungstraktes beim Fohlen wird es vermehrt in der Stutenmilch der ersten Tage – der sog. Kolostralmilch – ausgeschieden.

Die Spurenelemente dienen feinen Steuerungsfunktionen; sie geben Wachstumsimpulse, regen die Blutbildung und die Blutversorgung an, dienen der Oberhautentwicklung, der Hautfunktion sowie dem Aufbau der Haarstruktur. Von ihnen werden der Stoffwechsel gesteuert und verschiedene Drüsen angeregt. Die Mineralstoffmischungen enthalten entsprechend den vorkommenden Spurenelementen im Pferdekörper meist Kalium, Eisen, Kupfer, Kobalt, Zink, Mangan, Jod, Selen, Chrom, Zinn und Molybdän. Die beste Verabreichung erfolgt allerdings nicht nur über die Zufütterung, sie soll eigentlich erst dann einsetzen, wenn erhöhter Verbrauch die Versorgung auf natürlichem Wege nicht mehr gewährleistet. Die natürlichste Versorgung mit Mengen- und Spurenelementen erfolgt nach wie vor über den Boden, über die Pflanzennahrung.

Soweit arbeitswirtschaftlich vertretbar, verwenden viele Betriebe noch konservative Heuwerbungsmaschinen, weil hierbei die Bröckelverluste am geringsten sind.

35

Mengen- und Spurenelementebedarf sowie Vitaminbedarf eines mittelgroßen Warmblutpferdes bei leichter Arbeit (täglich)

Mengenelemente

Calcium	20 g (Gramm)
Phosphor	15 g
Natriumchlorid (Viehsalz)	20 g
Magnesium	2 g

Spurenelemente

Eisen	75 mg (Milligramm)
Mangan	40 mg
Zink	55 mg
Kupfer	40 mg
Jod	0,6 mg
Kobalt	0,3 mg

Vitamine

A	30 000 I.E. (Intern. Einh.)
D	5 000 I.E.
E	120 I.E.
B_1	40 mg (Milligramm)
B_2	40 mg
B_6	20 mg

Neben den Nähr- und Mineralstoffen spielen die Vitamine eine nicht unbedeutende Rolle. Auch sie sind Katalysatoren und steuern die wesentlichen Lebensvorgänge. Eine zusätzliche Versorgung ist bei Pferden, die natürlich gehalten werden, im Regelfall nicht nötig.

Umfangreiche Untersuchungen bei Pferden in der Ruhe wie bei der Arbeit ergaben folgenden Bedarf an Energie und Baustoffen: Die Energie wird dabei nach den neuen Untersuchungen in TDN (engl.: total digestable nutrients), d.h. total verdaulichen Nährstoffen ausgedrückt.

Nährstoffbedarf eines Pferdes je 100 kg Lebendgewicht

Nutzungsart	Gramm verdaul. Rohprotein/Tag	Gramm TDN/Tag
Ruhe u.leichte Arbeit	75	1000
Mittlere Arbeit	90	1250
Schwere Arbeit u. Leistungssport	105	1500

Zur praktischen Fütterung sei vermerkt, daß Hafer nicht das einzige Körnerfuttermittel sein muß. Es ist möglich, ein Drittel des Körnerfutters durch Gerste oder Mais zu ersetzen. Gerste ist beispielsweise im Norden Afrikas und im Orient das fast ausschließlich verwendete Pferdefutter. Die südosteuropäischen Länder verabreichen in der Pferdekrippe vorwiegend gebrochenen Körnermais. Die höheren Nährstoffgehalte sind bei der Menge zu berücksichtigen.

Bei der Rauhfutterzuteilung ist etwas überständig gewordenes, d.h. grobes Heu vom ersten Schnitt − in bis nach der Blüte − das richtige Roßfutter. Gutes Hafer- bzw. Weizenstroh ist oft besser als verdorbenes Heu. Wichtig ist bei Strohfütterung, daß die Nährstoffversorgung durch entsprechendes Kraftfutter gewährleistet wird, denn der Nährstoffgehalt im Stroh ist minimal. Die Strohfütterung spielt neuerdings eine besondere Rolle, wenn statt Körnerfutter Fertigfutter oder »Alleinfutter« gegeben wird. Die Nährstoffversorgung mit den heute gebräuchlichen Fertigfuttersorten ist unproblematisch. Der Verdauungstrakt des Pferdes läßt es jedoch nicht zu, daß eine Ration ohne Ballast zusammengestellt wird. Untersuchungen haben ergeben, daß mindestens 17% der gegebenen Trockenmasse in der Tagesration aus Rauhfutter bestehen müssen, sonst leidet die Peristaltik, d.h. die Magen- und Darmtätigkeit. Ein tätiger Darm beugt auch Koliken vor, was von besonderer Bedeutung bei der Fütterung der Pferde ist. Zudem kennen fressende Pferde keine aufkommende Langeweile, und somit denken sie nicht an das Ausüben von Untugenden.

Oft haben Aufsetzkopper und Luftschnapper, Weber, Scharrer und Klopfgeister ihre Untugend nur deshalb begonnen, weil ihnen die Zeit zwischen Mahl und Arbeit zu lange wurde.

Die wichtigsten Futtermittel in der Pferdefütterung, ihr Gehalt an TDN und verdaulichem Rohprotein

Futtermittel	1000 Gramm, davon enthalten	
	g verd. Rohprotein	g TDN

Grünfutter, frisch

Weide, 1. Aufwuchs	28	107
Weide, 2. Aufwuchs	30	124
Weide, 3. Aufwuchs	40	111
Grünmais, in der Blüte	9	81
Luzerne, 1. Aufwuchs in der Blüte	27	117
Rotklee, 1. Aufwuchs in der Blüte	24	115

Grünfutter, Silage

Wiese, 1. Schnitt, Beginn bis Mitte der Blüte, angewelkt	23	147
Maissilage, in der Blüte	10	131

Heu

Wiese, 1. Schnitt in der Blüte	52	418
Wiese, 2. Schnitt in der Blüte	64	427
Luzerne, 1. Schnitt in der Blüte	115	459
Rotklee, 1. Schnitt in der Blüte	75	463

Stroh

Haferstroh	9	315
Weizenstroh	7	290

Rüben

Zuckerrübe	10	195
Massenrübe (Futterrübe)	8	88
Mohrrübe (Karotten)	10	107
Zuckerrübenschnitzel, getrocknet	30	800
Melasseschnitzel, getrocknet	49	630

Kraftfutter, Körnerfrüchte, Nebenerzeugnisse, Ölfrüchte

Hafer	87	640
Gerste	83	725
Mais	68	769
Leinsamen (Schrot)	168	772
Weizenkleie	112	529
Malzkeime, getrocknet	222	584
Trockenmagermilch	323	760

Einem pferdehaltenden Betrieb auf dem Lande bieten sich oft viele Ergänzungsfuttermittel wie z.B. Rüben, Möhren, Trocken- und Melasseschnitzel an. Weizenkleie ist ein hervorragendes diätetisches Futter. Zum zweimal wöchentlich hergestellten Mash, einem flüssigen Futterbrei, gehört sie wie Leinsamen. Letzterer ist sehr teuer und wird deshalb vor allem auch als Heilmittel verwendet.

Eine sehr gute Faustzahl bei Fütterungsmengen: Zwei Prozent des Eigengewichts eines Pferdes sind bei der Stallfütterung täglich an Trockenmasse zu geben. Ein Prozent davon wird als Körnerfutter, ein weiteres Prozent als Rauhfutter verabreicht. Bei einem durchschnittlichen Warmblutpferd mit 500 kg Eigengewicht ergibt das 5 kg Hafer und 5 kg Heu bei mittlerer Belastung.

Mit dieser Norm kann man auch schwere Kaltblutpferde und Ponys ausreichend mit Grund- und etwas Leistungsfutter versorgen.

Pünktliches Einhalten der Futterzeiten sorgt für gleichmäßige Verdauung und geregelten Appetit, natürlich auch für Ruhe, weil die Pferde nicht bei jedem Betreten des Stalles Futter erwarten und deshalb gegen die Boxenwände klopfen. Eine gute Zeiteinteilung wäre die Morgenmahlzeit um 6.00, die Mittagsmahlzeit um 12.00 und die Abendmahlzeit um 18 Uhr. Aufteilung von Kraft- und Rauhfutter:

Zeit	Kraftfutter	Rauhfutter
morgens	$\frac{1}{3}$	$\frac{1}{4}$ oder $\frac{1}{3}$
mittags	$\frac{1}{3}$	$\frac{1}{4}$
abends	$\frac{1}{3}$	$\frac{1}{2}$ oder $\frac{2}{3}$

Bei Hochleistungspferden, Rennpferden und Militarypferden wird man häufig zur fünfmaligen Fütterung übergehen, auch kolikgefährdete Tiere füttert man häufiger. Für den Futtervoranschlag bzw. die Futterlagerung hier einige Normen je Pferd:

Futtermittel	Tages-ration	Jahres-bedarf	erford. Lagerraum für Jahresbedarf	Gewicht je m^3
Heu, lose gelagert			26,0 m^3	70 kg
Heu, in Bündel gepreßt	5 kg	1825 kg	15,0 m^3	120 kg
Hafer			3,7 m^3	500 kg

Weidestall:
Zu Beginn der Weideperiode ist die Beifütterung von altem Heu oder Stroh als »Darmbremse« empfehlenswert.

Bei kleineren Pferdebeständen muß man mehrfach jährlich das Körnerfutter liefern lassen. Bei Beständen ab 12–15 Pferden lohnt sich ein Hafersilo. Bei der Anlage eines Stalles bevorzugt man heute die ebenerdige Futterbergung, da sie arbeitswirtschaftlich günstiger ist, zudem kein Staub die Luft verschmutzt und die Errichtung einer Decke ohne Deckenlast wesentlich billiger ist.

Was für die Haltung von Leistungs- und Sportpferden meist nicht in Frage kommt, ist für Zuchtpferde unumgänglich: die Weide. Üblich ist in der Pferdehaltung die Dauerweide, deren Flächen etwas reichlicher bemessen sind; außerdem sind notwendig ein Unterstand, Wasserversorgung sowie sichere Zäune aus Stangen (Stangenabstände vom Boden 60/1,20/1,70 m, evtl. innerhalb der Stangen im Abstand von 80 cm ein Elektroweidedraht). Als Flächenbedarf muß man für eine Weideperiode von Mai bis Oktober ca. 0,33 Hektar je Großpferd rechnen. Zur Deckung des gesamten Rauh- bzw. Rauh- und Grünfutterbedarfs im Jahr sind 0,8–1,0 ha zu veranschlagen.

Grundlagen der Pferdezucht

Unsere heutigen Pferdeschläge und Pferderassen gehen auf einen fuchsgroßen, fünfzehigen Sohlengänger zurück. Der Ursprung dieses Pferdlings, des sogenannten Eohippus, was übersetzt »Pferdchen der Morgenröte« bedeutet, liegt etwa 65–70 Millionen Jahre zurück. Die archäologischen Relikte lassen jedoch eine einigermaßen korrekte Rekonstruktion zu. Über viele Entwicklungsstufen weist die neueste These die Entstehung des Pferdes von heute auf zwei Wegen nach. Das »Nordpony« in Nordeuropa, Sibirien und Nordamerika ist die Stammform aller primitiven und kleinen Pferde, wahrscheinlich auch der kaltblütigen Schläge. Die zweite Entwicklungsform ist das »Südpferd« in Südeuropa und Nordafrika. Es gilt als Stammvater des vollblütigen orientalischen Pferdes und aller Warmblutpferde. In die Entwicklungsgeschichte des Südpferdes paßt nach den Thesen der Wissenschaftler der Tarpan, der sehr edel und trocken ist. Das Przewalskij-Pferd hingegen wird in die Reihe der Nordponys eingereiht, wie das später entstandene Diluvialpferd, der Vorfahre des Kaltblüters.
Aufteilung der Pferdeschläge nach dem gegenwärtigen Stand:

- Vollblut
- Warmblut
- Kaltblut
- Kleinpferde und Ponys.

Vollblut-Araber

Älteste Rasse beim Vollblut ist das arabische Vollblut, ursprünglich gezüchtet in Nordafrika und im Orient. Es gilt heute als erwiesen, daß in Ägypten rund 2.500 Jahre vor Christi Geburt mit der Pferdezucht begonnen wurde. 1000–500 v. Chr. sprach man bereits von den großartigen Gestüten der ägyptischen Könige. Einen Nachweis für Vollblutpferde

in Arabien kann man erst für die zweite Hälfte des
4. Jahrhunderts n. Chr. erbringen. Die Hochform der
Pferdezucht in Arabien beginnt allerdings im 7. Jahrhundert, zur Zeit Mohammeds. Heute ist man der
Auffassung, daß alles echte arabische Vollblut auf
die fünf Familien, d. h. auf die fünf Stuten Mohammeds, zurückgehen muß. Dies sind die Stuten bzw.
Linien »Kuheilan«, »Saklawe«, »Obajan«, »Hamdane«
und »Hatbar«. Die Typen »Kuheilan«, »Saklawe« und
der dazukommende weniger edle, größere »Muniki«-
Typ sind in der gegenwärtigen Zucht noch vertreten.
Der Araber ist ein sehr edles, trockenes Pferd mit
einem Stockmaß von ca. 148–155 cm. Kopf meist
klein, harmonisch, mit konkavem Nasenrücken
(Hechtkopf). Hals oft etwas tief angesetzt, meist
ziemlich gerade. Oberlinie mit zum Teil hohem
Schweifansatz. Das Fundament ist in der Regel trok-
ken, sehr sehnig, mit kleinen, harten Hufen. Mähne
und Schweif nicht sehr dicht, seidig. Es dominieren
die Schimmelfarbe und die Braunen; Füchse und
Rappen sind selten. Flache Mechanik mit genügend
Raumgriff, sehr ausdauernd und hart. Temperament:
lebhaft, bei sehr gutem Charakter.
Hervorragende Vollblut-Araberzuchten und Gestüte
existieren in den Vereinigten Staaten, jedoch auch
in der Bundesrepublik Deutschland ist gutes Zucht-
material vorhanden.

Englisches Vollblut

Galopp-Rennpferde oder Englische Vollblüter müssen in den internationalen Vollblut-Stutbüchern, dem 1793 begründeten General-Stud-Book, eingetragen sein. Teilregister dieses Stutbuches von England werden in allen Ländern mit Rennpferdezucht und Vollblut-Rennen geführt. (In Deutschland: Direktorium für Vollblutzucht und -rennen.) Das Englische Vollblut geht abstammungsmäßig auf den Araber zurück. Drei Stammväter aus dem 17. und frühen 18. Jahrhundert sind in nahezu allen Pedigrees (Stammbaum) aufzufinden; es sind dies: *Darley Arabian, Byerley Turk* und *Godolphin Barb.* Nachkommen des Hengstes *Darley Arabian* sind die berühmten Rennpferde *Eclipse* 1794 und *San Simon* 1883.

Im äußeren Erscheinungsbild stellt der Englische Vollblüter ein sehr trockenes, vom Gesicht her erkennbar hartes Rennpferd dar. Weite Nüstern, langer Hals, hoher ausgeprägter Widerrist, gut bemuskelte Schulter, abgezogene und abgedachte Leistungskruppe sowie große Gurttiefe weisen auf Leistungsvermögen hin. Stockmaß 155–170 cm (Widerristhöhe), meist Braune, Dunkelbraune, seltener auch Schimmel, Füchse und Rappen. Das Englische Vollblut hat eine große Bedeutung bei der Veredlung aller Warmblutzuchten, besonders zur Züchtung von Hochleistungspferden.

Anglo-Araber

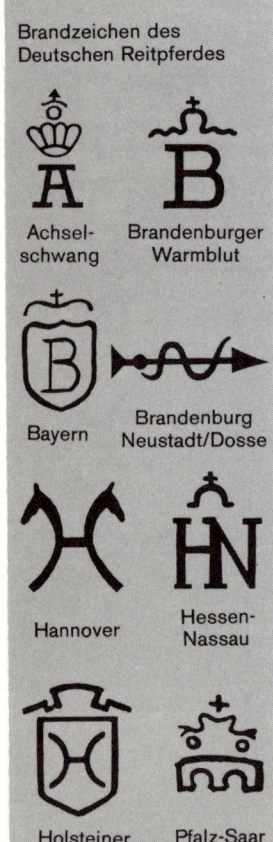

Brandzeichen des
Deutschen Reitpferdes

Achsel-
schwang

Brandenburger
Warmblut

Bayern

Brandenburg
Neustadt/Dosse

Hannover

Hessen-
Nassau

Holsteiner

Pfalz-Saar

Anglo-Araber

Anglo-arabische Pferde sind direkte Kreuzungspro-
dukte von Englischem Vollblut und Araberpferden.
Sie stellen eine glückliche Verbindung hinsichtlich
Größe, Rittigkeit sowie Ausdauer, Temperament
und Charakter dar. Besonders in Frankreich hat
sich die Anglo-Araberzucht zur Erzeugung von
hochwertigen Reitpferden durchgesetzt. Ein bedeutender Blutlinienbegründer in der deutschen Warmblutzucht in Westfalen ist der Anglo-Araberhengst
»Ramzes x«, ein Sohn des Englischen Vollblüters
»Rittersporn xx« aus der Araberstute *»Jordi ox«.*
Unter den Ramzes-Kindern und -Enkeln sind Er-
folgspferde bis zu den olympischen Klassen in der
Dressur, im Springen wie in der Vielseitigkeit zu
finden.

Warmblut

Das vorwiegend im Reitsport eingesetzte Pferd ist
das Warmblut. Deutschland ist durch seine hoch-
entwickelte Warmblutzucht in Europa und in der
Welt bekannt. Die Olympischen Spiele, bei denen
sich viele Nationen deutscher Pferde bedienen,
beweisen es immer wieder. Seit dem Jahre 1975
hat sich auf Grund eines Beschlusses der Deutschen Reiterlichen Vereinigung die ganze Bundesrepublik auf ein einheitliches Zuchtziel festgelegt.

44

Warmblut:
Deutsches Reitpferd

Dieses Zuchtziel heißt »Deutsches Reitpferd«. Es ist wie folgt formuliert:
»Gezüchtet wird ein edles, großliniges und korrektes Reitpferd mit schwungvollen, raumgreifenden, elastischen Bewegungen, das auf Grund seines Temperaments, seines Charakters und seiner Rittigkeit für Reitzwecke jeder Art geeignet ist.

Erwünschte Bestmaße bei Stuten:

- 162–165 cm Stockmaß
- 173–177 cm Bandmaß
- 190–205 cm Brustumfang
- 21– 22 cm Röhrbeinstärke

Die Maße der Hengste liegen entsprechend über denen der Stuten.«
Die einzelnen Verbände wie Hannover, Westfalen, Holstein, Bayern, Trakehnen etc. sind nach wie vor existent, auch die Brandzeichen werden nach den bisherigen Zuchtbuchordnungen weiter vergeben. In der Realität aber sind die Pferde aus verschiedenen Zuchtverbänden im Exterieur gleich, wie die Leistungen gleich sein müssen, die von allen gefordert werden.
Dominierend im Blutaufbau ist in der BRD der Hannoveraner und dessen Nachzuchtprodukt, der Westfale. In fast allen Zuchtgebieten hat man diese Blutströme verwendet und zur Erzeugung von Hochleistungspferden gezielt mit englischen Vollbluthengsten, Halbblütern, z. T. Anglo-Arabern, veredelt.

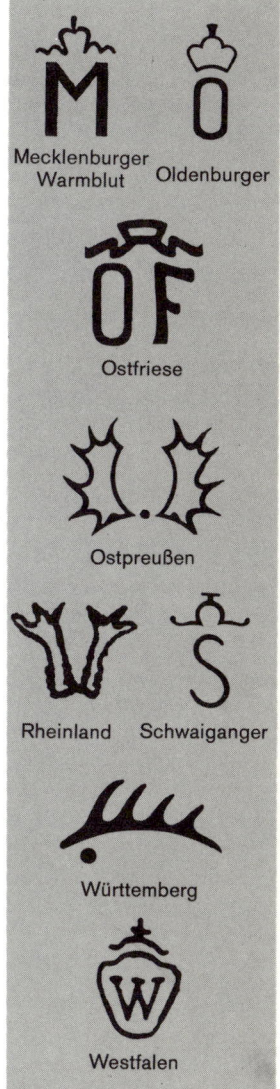

Mecklenburger Warmblut   Oldenburger

Ostfriese

Ostpreußen

Rheinland   Schwaiganger

Württemberg

Westfalen

45

Dachverband Deutschland: Hauptverband für Traber-Zucht und -Rennen e.V. (HVT), 4044 Kaarst. Das Reglement für die Leistungsprüfungen (Rennen) sowie für die Berufsfortbildung zum Trainer ist die TRO (Trabrennordnung).

Traber

Die älteste planmäßige Zucht dieser sehr hoch im Blut stehenden Spezialrasse begann in Rußland unter Katharina II., als 1775 Graf Orlon den orientalischen Schimmelhengst *Smetanka* zur Zucht von schnellen Wagenpferden einsetzte. Im heutigen Rennsport spielen besonders der Amerikanische und der Französische Traber eine Rolle.

Der Amerikanische Traber ist im Typ ein gedrungener, harter und kompakter Flieger (Stockmaß 155–160 cm). Stammvater ist u.a. *Hambletonien*, Sohn des Vollblüters *Messenger*. Eines der wichtigsten Pferde war *Greyhound* (Meilenrekord 1:55,15).

Der Französische Traber entwickelte sich planmäßig etwa ab 1835 auf der Blutgrundlage Normänner – Norfolk Trotter – Vollblut. Eleganter, großliniger Typ (Stockmaß ca. –170 cm) mit Steherqualitäten. Ein in der ganzen Traberwelt bekanntes Pferd ist die Ausnahmestute *Roquepine*.

Die erste Zuchtstätte des Deutschen Trabers war im Jahre 1885 das Gestüt Mariahall/Rheinhessen. Bereits im Jahre 1874 wurde in Hamburg-Altona ein Traberclub für die Abwicklung großer Rennveranstaltungen gegründet. Der Deutsche Traber liegt im Typ zwischen dem Französischen und dem Amerikanischen Traber. Stockmaß ca. 158–165 cm. Züchterisch wird in deutschen Gestüten viel amerikanisches, z.T. auch französisches Blut angepaart. Die am weitesten verbreiteten Vererber in der deutschen Zucht sind *Epilog* (Rekord 1:18,6) und dessen Sohn *Permit* (Rekord 1:17,3). Bekanntestes Rekordpferd der Gegenwart ist *Simmerl* (1:15,6).

Kaltblut

Die Kaltblutpferde sind stark zurückgegangen. Die Technisierung und Mechanisierung in der Landwirtschaft wie auch im Transportgewerbe sind dafür die Ursache. Bekannte Zuchten wie das Rheinische Kaltblut, das Schleswiger und das Westfälische Kaltblut sind ohne jegliche Bedeutung. Das letzte, geschlossene Kaltblutzuchtgebiet liegt im bayerischen Oberland. Hier ist die bestehende Stutengrundlage auf ca. 700 eingetragene Zuchtstuten zurückgegangen. Das im bayerischen Land gezüchtete Süddeutsche Kaltblut ist eine Zusammenziehung der Rassen Oberländer, Pinzgauer und Noriker – aus der früheren römischen Provinz Noricum –. Es verkörpert ein ruhiges, mittelschweres Schrittpferd mit einem Stockmaß von 160–164 cm Widerristhöhe. Neben der Holzarbeit wird das Kaltblutpferd heute noch in Braugespannen wie bei Festzügen aller Art eingesetzt.

Haflinger

Ursprünglich waren sie eine Arbeitspferderasse im Gebirge. Die Blutgrundlage einer Südtiroler Landrasse wurde mit dem Hengst *»El Bedafi XXII«* und dessen Sohn *»249 Folie«* veredelt. Den heutigen Ansprüchen folgend wird das Haflinger Pferd vom Trag- und Zugtier zum Freizeit- und Kinderpferd umgezüchtet. Dies geschieht durch die Selektion eleganter und edler Blutlinien; vereinzelt werden

Haflinger

erneut Einkreuzungen mit Araber-Vollbluthengsten
vorgenommen. Wichtig ist dabei die Selektion nach
Temperament und Charakter, die für ein Freizeit-
Reitpferd entscheidend sind. Typisch für die Haf-
lingerrasse ist die Fuchsfarbe und das helle Langhaar. Widerristhöhe Stockmaß 136–140 cm.

Fjordpferd oder Norweger

Fjordpferde oder Norweger

Die Rasse stammt aus Norwegen und ist im Exterieur
ebenfalls sehr einheitlich. Charakteristisch für den
Norweger, der als Hellfarbe gezüchtet wird, ist der
Aalstrich, der vom Nacken bis zur Schweifspitze
verläuft. Ursprünglich gleiche Anforderungen wie
beim Haflinger, auch heute für den Freizeitsport
umgezüchtet. Im Temperament sehr ruhig, im Typ
etwas schwerer als der Haflinger mit oft knappem
Hals. Stockmaß Widerristhöhe 132–145 cm.

48

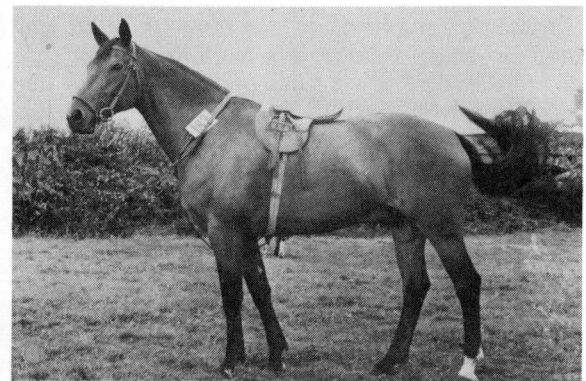

Connemara-Pony

Die Connemara-Rasse stammt aus Irland. Sie kommt dem Warmblutpferd sehr nahe und bringt hervorragende Reitpferdeeignung mit. Die ursprünglich etwas robuster gezüchteten Ponys sind heute stark veredelt und erzielen im Leistungs- und Turniersport hervorragende Ergebnisse. Einzelne Connemara-Ponys haben erfolgreich im Wettkampf gegen Großpferde teilgenommen. Eines der bekanntesten ist *»Dandrum«,* ein Springwunder, das bei Meisterschaften in England sogar die 2-Meter-Mauer überwand. Widerristhöhe Stockmaß 135–147,3 cm.

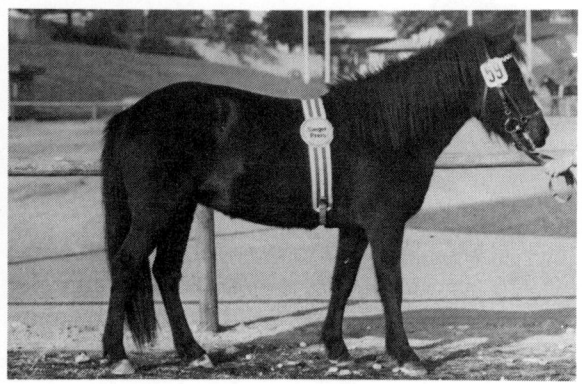

Island-Pony

Island-Pony

Sehr hartes Robustpferd. Die urtümliche Rasse wurde immer rein gezogen und dabei von den Umweltbedingungen auf der Eis- und Steininsel Island geprägt. Anspruchslos in der Fütterung und Haltung. Ein zähes Reittier, das auch für Erwachsene im Freizeitsport voll befriedigend ist. Neben den Grundgangarten Schritt, Trab und Galopp ist dieser Rasse Paß und Tölt angezüchtet, zwei laterale Gangarten mit gleichseitiger und zeitlich versetzter Fußfolge. Beim Tölt ist die Rückenmuskulatur festgehalten, der Unterhals ist etwas herausgepreßt. Für den Reiter ergibt sich eine nur leicht vibrierende Bewegung. Die Gangart entspricht im Tempo etwa dem Trab und ist auf langen Wegen wenig ermüdend für den Reiter. Stockmaß Widerristhöhe 128–143 cm.

New Forest-Pony

New Forest-Pony

Ursprünglich gezüchtet im Südwesten von London in einem großen Waldgebiet. Die Rasse geht auf kleine englische Arbeitspferde zurück, die zum Teil mit Englischen Vollblütern veredelt wurden. Heute sind die New Forest-Ponys ausgezeichnete Reitponys, die ebenfalls im Turniersport Optimales leisten. Sie sind mit edlen, kleinen Warmblütern vergleichbar. Widerristhöhe Stockmaß 120–147 cm.

Welsh-Mountain- und Welsh-Pony

Das Welsh-Mountain-Pony ist ein Miniatur-Araber-Pferd mit sehr edlem Gesicht, meist kleinem Hechtkopf, trockenem Fundament und ausgezeichneten

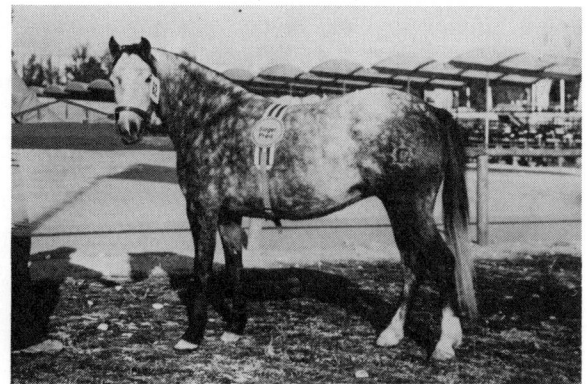

Welsh-Mountain-Pony

Gängen. Araber-Blut wurde auch immer wieder eingekreuzt. Das Welsh-Pony wird, alle Ansprüche berücksichtigend, in verschiedenen Größen gezüchtet.

Sektion A (Mountain)	bis 122 cm Widerristhöhe (Stockmaß)
Sektion B	bis 137 cm
Sektion C (Welsh Cob)	bis 137 cm
Sektion D	bis 147,3 cm und teilweise sogar darüber.

Dartmoor-Pony

Dartmoor-Pony

Das Dartmoor-Pony kommt aus dem Südwesten Englands und zwar aus einem an Felsland angrenzendes Hochmoorgebiet mit sehr rauhem Klima. Diese Bedingungen haben seine Robustheit geprägt. Ein feines Gesicht und ein gut gewölbter Hals sind mit einem kräftigen, stämmigen Körper verbunden. Die Kruppe ist wie beim Kaltblutpferd gespalten. Temperament und Charakter sind sehr angenehm, deshalb ist diese Rasse für Kinder hervorragend geeignet. Widerristhöhe Stockmaß 120–127 cm.

Shetland-Pony

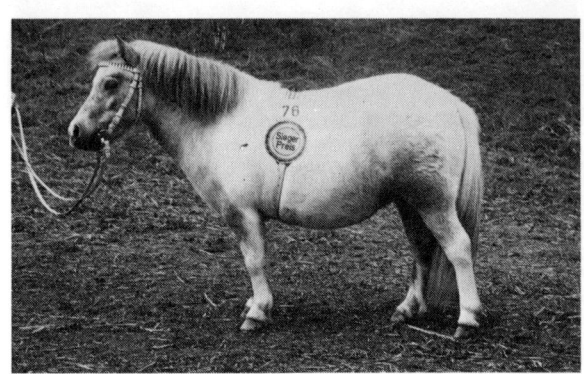

Shetland-Pony

Die kleinste Ponyrasse ist das Shetty von den Shetland-Inseln im Norden Schottlands. Die Pferdchen sind heute über die ganze Welt verbreitet. Das Shetland-Pony ist ein lebhaftes Kleinpferd, dessen eilige und trippelnde Bewegungen nicht immer für den Kinderreitsport geeignet sind. Das heutige Zuchtziel verlangt ein elegantes Rechteckpferdchen mit flachen Bewegungen, auf dem Kinder das Reiten erlernen können. Scherzhaft wird behauptet, daß man im Gegensatz zur üblichen Einteilung in Vorhand, Mittelhand und Hinterhand das Shetland-Pony in Mähne, Schweif und Temperament unterteilt. Der ursprünglich über Holland eingeführte derbere Typ ist in der Bundesrepublik Deutschland großteils schon von den eleganteren, edleren Ponys verdrängt, die zum Fahrsport, aber auch zum Reiten für Kinder geeigneter sind. Eine Spezialität bei den Shettys ist die Farbzüchtung. Widerristhöhe Stockmaß 95–105 cm.
In Amerika wurde begonnen, das sogenannte Toy-Shetty – Spielzeug-Shetty – zu züchten. Dieses Spielpferd hat ausgewachsen eine Widerristhöhe von 75–85 cm Stockmaß.

Deutsches Reitpony

Mit Zunahme des Freizeitreitsportes haben sich Kleinpferde und Ponys stark vermehrt. Sie sind in der Haltung meist anspruchsloser, daher billiger, und in Temperament und Charakter teilweise ruhiger als Großpferde. Auf Grund ihrer geringeren Größe ist das Gewichts- und Kräfteverhältnis zu Kindern um vieles günstiger. Man kauft sie nach »Konfektionsgröße« zu den Kindern passend. Kriterien beim Deutschen Reitpony sind Exterieur und Eigenschaften für den Reitzweck.
Entsprechend der Leistungsprüfungsordnung wird in folgende Sektionen eingeteilt:

- K (klein) –127 cm Stockmaß Widerristhöhe
- M (mittel) 128–137 cm Stockmaß Widerristhöhe
- G (groß) 138–148 cm Stockmaß Widerristhöhe

Züchtungsgrundlage für das Deutsche Reitpony sind u. a. New Forest, Welsh, Dülmener, Connemara, aber auch kleine Vollblüter und Araber.

Neben diesen in Deutschland gezüchteten Ponys sind namentlich zu erwähnen:

- der Bosniake aus Jugoslawien,
- der Huzule, ein Robustpferd vom Hochland der Karpaten,
- der Konik aus dem galizischen Polen,
- das Dales-Pony, welches wir insbesondere auf den britischen Inseln finden,
- das Exmoor-Pony mit dem messingfarbenen, glänzenden Sommerfell und dem kleiefarbenen Maul,
- das Fell-Pony, Highland-Pony und der Hackney.

In der Rhônemündung in Südfrankreich existieren immer noch Herden von Wildpferden, die Camargue-Pferde, die größenmäßig ebenfalls zu den Ponys gerechnet werden. In Deutschland leben zwei Wildpferdeherden und zwar das Dülmener Wildpferd und das Nordenkirchener Pony.
Aus den schwedischen Wäldern kommen die Gotland-Ponys oder Skog-Russ, die zu den Kleinpferden zählen und besonders temperamentsmäßig sehr wertvolle Kinderreitpferde darstellen.

Ponyzuchtbrände der Bundesrepublik Deutschland

Baden-Württemberg | nur Haflinger
Bayern | nur Haflinger
Hannover
Hessen | nur Haflinger in Nordhessen
Holstein
Haflinger | Isländer
Fjord
Rheinland | nur Isländer
Rheinland Nassau
Weser Ems
Westfalen | nur Haflinger

Fortpflanzung

Die Geschlechtsreife bei den verschiedenen Schlägen und Rassen ist bisweilen unterschiedlich. Die folgenden speziellen Erläuterungen beziehen sich wieder auf das Warmblutpferd, das Deutsche Reitpferd.

Die Geschlechtsreife tritt regulär im 2. Jahr bei Hengsten wie bei Stuten ein. In die Zuchtverwendung kommen Hengste jedoch erst nach der Körung mit 2½ Jahren, also im 3. Lebensjahr. Auch Stuten werden nicht vor dem 3. Lebensjahr, sofern sie im Wachstum zurückgeblieben sind, erst im 4. Lebensjahr gedeckt. Die Rosse, wie die Brunft bei den Stuten genannt wird, beginnt im Frühjahr (Februar, März) mit der aufkommenden Wärme und Sonne. Die Dauer der Rosse beträgt zwischen 3 und 6 Tagen; der günstigste Zeitpunkt für eine Befruchtung liegt im letzten Drittel dieser Zeit. Wird eine Stute nicht dem Hengst zugeführt, so wiederholt sich die Rosse im Zyklus von 3 Wochen. Nach einem erfolgreichen Bedecken bleibt sie aus. Zur Kontrolle, ob eine Stute trächtig wurde, führt man sie drei Wochen nach der Belegung erneut dem Hengst zu. Lehnt sie den Hengst mit erkennbarem Gebaren ab – Schlagen, Wiehern, Wegdrängen –, so kann man annehmen, daß eine Befruchtung eingetreten ist.

Die Bedeckung selbst wird an einem Probier- und Deckstand vorgenommen. Der Probierstand schützt den Hengst vor den Schlägen einer Stute, die bereits trächtig ist oder die nicht zum richtigen Zeitpunkt zum Hengst geführt wurde. Hat sich im Probierstand die Bereitschaft der Stute ergeben, so wird sie herausgeführt und ihre Hinterbeine werden mit Seilen gefesselt, was einem Verletzen des Hengstes durch Schläge vorbeugen soll. Aus Hygienegründen werden vor dem Decken die äußeren Geschlechtsteile gereinigt und desinfiziert. Der Schweif der Stute wird mit einer Plastikbinde umwickelt. Beim Bespringen der Stute durch den Hengst muß man darauf achten, daß die Stute nicht verletzt wird. Wichtig ist, daß der Penis des Hengstes in die Scheide gelangt und nicht Verletzungen des Afters verursacht oder die Geschlechtsteile des Hengstes verletzt werden. Beim Deckakt muß der Zeitpunkt des Samenergusses beim Hengst abgewartet werden. Dies dauert bei Hengsten, die stark im Einsatz

Bei der gezielten Paarung wird zur Stute der im Exterieur wie in den Anlagen passende Hengst ausgesucht. Die Paarung erfolgt durch den »Sprung aus der Hand«. Der Natursprung (s. Bild) wird meist nur noch bei Kleinpferderassen angewandt. Bei hohem Hengstverschleiß ist allerdings die Fruchtbarkeit der Stuten optimal.

sind, oder bei älteren Hengsten oft lange. Innerhalb einer Rosseperiode kann eine Stute zwei-, dreimal vom Hengst belegt werden, sofern er nicht bereits durch eine Großzahl von Stuten zu stark ausgelastet ist.

Hygienevorschriften bestimmen heute in der gezielten Zucht, daß nur Stuten, die ein gesundes Fohlen gebracht haben, und zum Teil auch Maiden- oder Jungstuten, die erstmals zum Hengst kommen, ohne tierärztliche Untersuchung – einer klinischen und mikrobiologischen Untersuchung – vom Hengst gedeckt werden dürfen. Alle übrigen Stuten, ob sie verworfen haben, ein Jahr gält geblieben sind oder die Frucht resorbiert haben, müssen dieser genauen Untersuchung unterzogen werden. Nur so ist es möglich, Deckseuchen und Geschlechtskrankheiten bei den Pferden zu bekämpfen und die Fruchtbarkeit zu erhöhen.

Die Trächtigkeit bei der Stute dauert etwa 11 Monate (320–355 Tage). Hengstfohlen werden häufig etwas länger ausgetragen, Stutfohlen kommen gerne pünktlich oder auch früher zur Welt. Besonders im letzten Drittel der Trächtigkeitszeit entwickelt sich das Fohlen sehr stark. Zu dem Zeitpunkt muß eine intensive Fütterung mit Baustoffen (verdauliches Rohprotein – Muskelaufbau), Mengen- und Spurenelementen einsetzen.

Weidegang, d.h. Bewegung ist während der ganzen Dauer der Trächtigkeit empfehlenswert.

Die einsetzende Geburt zeigt sich an. In den letzten Tagen vor dem Abfohlen hebt sich der Tragsack, die Leibesfrucht beginnt sich in die Geburtswege einzurichten. 24–12 Stunden vor der Geburt senken sich die Beckenbänder ein, die Schweifwurzel wird elastisch und weich. Etwa 12–6 Stunden vor der Geburt lösen sich die Harzpfropfen, die die Zitzenöffnungen am Euter verschließen, und die Milch beginnt einzuschießen. Da Fohlen nicht selten in der Eihaut zur Welt kommen, ist ein Überwachen der Geburt im Stall unbedingt erforderlich. Viele Stuten bevorzugen zum Gebären die Nachtzeit, wenn vollkommene Ruhe im Stall herrscht. Sie legen sich, die Wasserblase gleitet durch die Geburtswege, weitet diese und macht sie gleitfähig, sobald sie platzt. In der Regel erscheinen dann die Vorderbeine in der Eihaut, auf denen bei normaler Lage der Kopf liegt. Die normale Geburt geht schnell vonstatten. Ein Ziehen erübrigt sich. Wenn gezogen werden muß, dann nur im Rhythmus der Preßwehen, etwa in einem 45°-Winkel abwärts, gemessen an der Wirbelsäule der Stute.

Dem Fohlen wird man sofort die Luftwege frei machen, es mit dem frischen Stroh der Boxe abreiben und vor die Stute legen. Der Nabel wird mit Jod desinfiziert; nur wenn er selbst nicht reißt, trennt man ihn etwa 8 cm nach dem Körper ab. Die Nachgeburt geht meist sehr rasch ab; ist dies innerhalb von 2 Stunden nach der Geburt nicht erfolgt, muß dringend der Tierarzt geholt werden. Dies natürlich ebenfalls, wenn während der Geburt Unpäßlichkeiten auftreten oder die Lage stark verändert ist.

Vererbung

Die Vererbung der äußeren und inneren Eigenschaften erfolgt über die Kernschleifen und die Gene. Diese werden nach der Verschmelzung der Ei- und Samenzellen bei der Reduktionsteilung halbiert. Die Reinerbigkeit und Mischerbigkeit gewisser Anlagen ist nicht feststellbar. Mathematische Planung und Züchtung gibt es nicht.

Durchgezüchtete Stuten- und Hengstlinien bieten noch eine berechtigte Hoffnung dafür, daß die nachgezogenen Tiere im Exterieur wie in der Leistungsanlage den Vorfahren ähnlich sind. Sicherheit und Regelmäßigkeit in der Vererbung bei so hoch entwickelten Lebewesen wird wohl nie erreicht werden können. Diese Tatsache gestaltet die Zucht immer wieder aufs neue interessant.

Organisierte Zucht

Zur Erreichung des Zuchtziels einer speziellen Rasse haben sich die Züchter organisiert.
Dachverband für Warmblut und Ponys ist der Hauptverband für Zucht und Prüfung deutscher Pferde – Deutsche Reiterliche Vereinigung (FN), für Vollblut das Direktorium für Vollblutzucht und Rennen e.V., Köln, für Traber der Hauptverband für Traber-Zucht und -Rennen e.V. (HVT), Kaarst.
Bei diesen Verbänden werden die Zuchtbücher – Stutbücher, Hengstbücher – geführt, die Grundlage für jede Körung und gezielte Zucht sind.
Bei den Warmblutpferden und Ponys werden die Stuten in verschiedene Register eingetragen.

Hauptstammbuch (Stuten mit Abstammung von mindestens 3 Generationen auf beiden Elternseiten)

Stammbuch (Stuten mit Abstammung von 2 Generationen)

Vorbuch (Stuten mit einseitiger Abstammung, ohne Abstammung, aber hoher Qualität hinsichtlich des Exterieurs)

Elitestutbuch-Leistungsstutbuch (Stuten mit Hauptstammbuchqualität und zusätzlicher Eigenleistungsprüfung).

Von den Verbänden werden die Brände vergeben und Pedigrees (Abstammungsnachweise, Fohlenscheine) ausgestellt.

Der Fohlenbrand wird auf der linken Hinterbacke, der Stutbuchbrand (Hengstbuchbrand) wird auf der linken Halsseite angebracht (Haupt- und Stammgestüte brennen teilweise rechts).
Die generelle Erlaubnis zum Zuchteinsatz für die Hengste erfolgt durch die Körung nach dem staatlichen Tierzuchtgesetz. Voraussetzung für die Körung sind

Mindestalter (2 Jahre, 6 Monate), Abstammung (über 3 Generationen im Zuchtbuch eingetragen), ordnungsgemäße Entwicklung der primären und sekundären Geschlechtsmerkmale, bestandene Eigenleistungsprüfung.

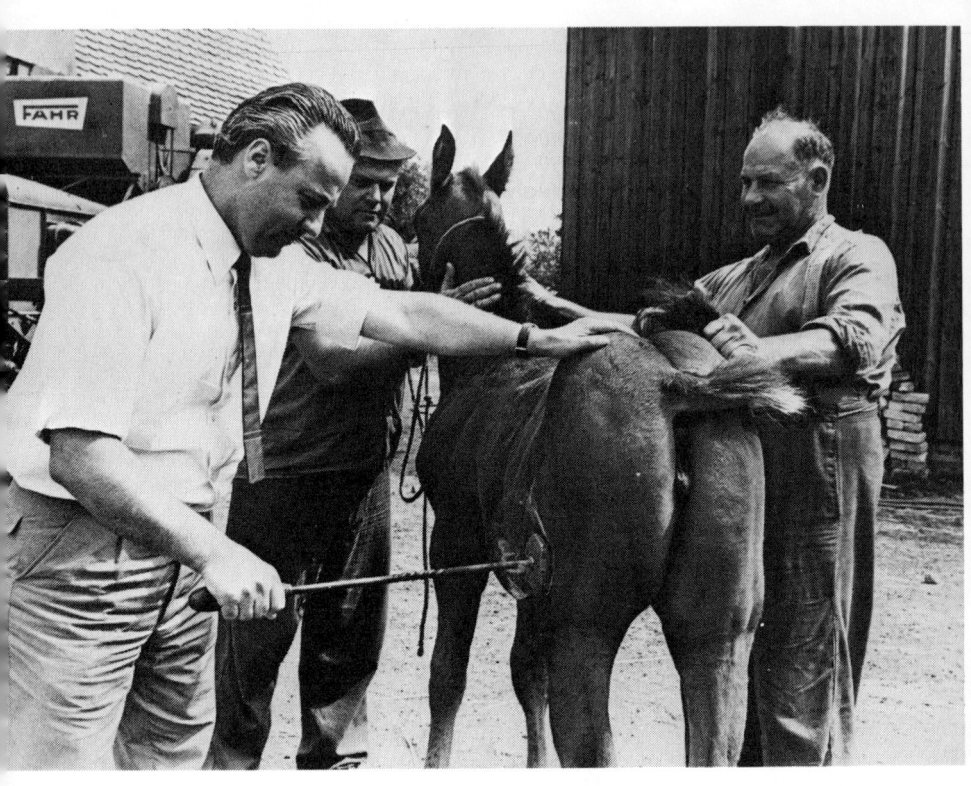

Der Fohlenbrand wird auf der linken Hinterbacke angebracht.

Die Körkommission besteht aus 3 Züchtern, einem Zuchtbeamten und einem verbeamteten Tierarzt. Das Körergebnis lautet: gekört, nicht gekört oder vorläufig nicht gekört (ohne Zuchtwertklassen und Noten).
Neben der allgemeinen Zuchterlaubnis stellen die Verbände zum Teil noch die Zuchtbuchfähigkeit der Nachkommen eines Hengstes fest.

Exterieurbeurteilung

Die Lehre vom Körperbau des Pferdes ist nicht nur für den Züchter interessant, der nach Harmonie und Schönheit strebt. Der Experte im Sport weiß um die Bedeutung der Beschaffenheit einiger wesentlicher Körperteile, welche die Leistungsfähigkeit und Rittigkeit beeinflussen.

Bei der Exterieurbeurteilung eines Pferdes werden folgende Bewertungen vorgenommen:

Der Typ

Bewertet wird der Gesamteindruck, den man von einem Pferd gewinnt, steht man ihm auf einer Entfernung von etwa 10 Metern gegenüber. Das Pferd wird dabei von der Seite betrachtet. Die 4 Beine sind von dem Beobachter klar zu erkennen, d.h. das Pferd steht offen. Die zu betrachtende Seite ist im Regelfall die linke. Beim Typ wird vor allem neben Erscheinung und Eignung für den Reitzweck auf den Rahmen, das Format – Rechteckformat, Quadratformat, Hochrechteckformat – sowie auf die Größe eingegangen.

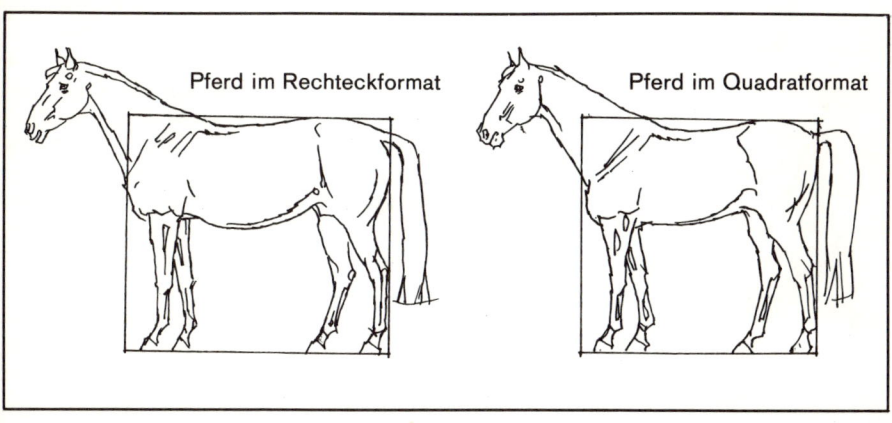

Pferd im Rechteckformat   Pferd im Quadratformat

Gebäude

Idealer Hals

Hirschhals

Kurzer Hals

Schwanenhals

Bei der Beurteilung des Gebäudes wird der Körper, und zwar detailliert vom Kopf bis zur Kruppe, begutachtet und benotet. Abweichungen von der Norm sind immer eine Gefahr, die die Zweckmäßigkeit und die Leistungsfähigkeit beeinflussen können. Markante Reitpferdepoints bei der Beurteilung des Gebäudes sind ein langer, nach oben gewölbter Hals sowie Ganaschenfreiheit, die eine zwanglose Beizäumung ermöglicht. Bedeutende Reitpferdepunkte sind Widerrist und Schulter. Ein gut ausgeprägter Widerrist, der weit in den Rücken reicht, sichert die Fixierung des Sattels und setzt den Reiter weit in den Rücken, weg von der Vorhand auf die schwingende, tragende Brücke der Rückenmuskulatur. Das ist wichtig für den Dressur- wie für den Springreiter. Ein wesentlicher Teil der Ausbildungsarbeit, die Übertragung der Last des Pferdekörpers wie des Reitergewichts auf die Hinterbeine, wird dadurch abgekürzt. Ziel der Ausbildung ist es, etwa fünf Achtel des Gesamtgewichtes auf die Hinterhand zu übertragen. Beim unausgebildeten, galoppierenden Pferd lasten etwa zwei Drittel des Gewichtes auf den Vorderbeinen, nur ein Drittel wird von der Hinterhand getragen. Sie betreibt in erster Linie die Vorwärtsbewegung. An der Schräge des Schulterblattes bzw. der Schulterblattgräte ist die raumgreifende Aktion der Vorhand zu erkennen. Eine Parallele zur Schulterblattgräte, gefällt durch den Ellbogen, gibt die Richtung bzw. den Punkt an, an welchem ein Pferd beim Vorwärtstreten im Trab wirklich fußen kann. Durch erzeugte Spannung ist es durchaus möglich, die Vorderbeine des Pferdes höher anzuheben. Sie müssen jedoch, ehe sie den Boden berühren und die Last des Körpers aufzufangen haben, wieder deutlich gesenkt werden, um die Last übernehmen zu können.

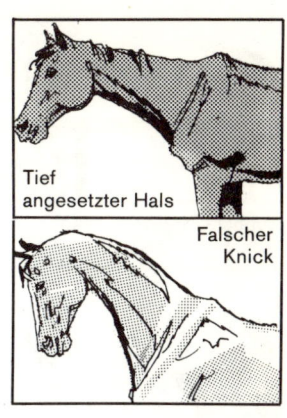

Tief angesetzter Hals

Falscher Knick

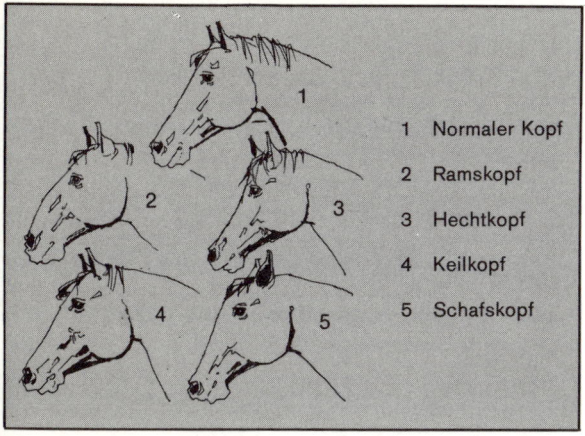

1 Normaler Kopf

2 Ramskopf

3 Hechtkopf

4 Keilkopf

5 Schafskopf

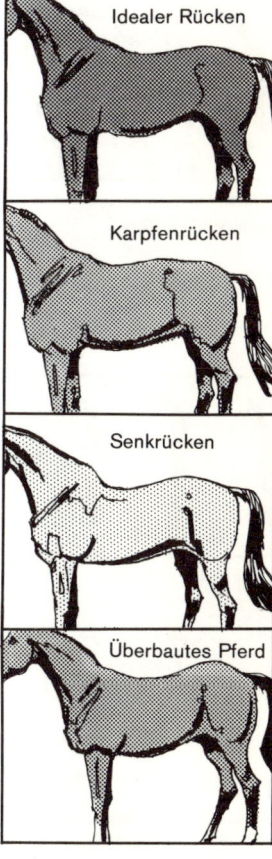

Idealer Rücken

Karpfenrücken

Senkrücken

Überbautes Pferd

Die Oberlinie des Rückens soll leicht geschwungen sein, d.h. die Sattellage darf ruhig unbedeutend vorgetieft sein. Fehlerhaft ist jede Veränderung in der Nierenpartie. Sowohl eine Karpfenniere, d.h. eine nach oben gewölbte Niere, wie auch ein Nierendruck beeinträchtigen die tragende Brücke des Rückens. Es entstehen Schmerzen in dieser Partie, welche ein Festhalten der gesamten Rückenmuskulatur verursachen. Ein weiterer Reitpferdepunkt ist die Kruppe. Sie soll lang, nach hinten leicht abgezogen und von hinten gesehen seitwärts abgedacht sein. Gute Bemuskelung nach außen wie nach innen (Behosung) zeugen von athletischer Veranlagung und hinreichendem Muskeltraining. Der Motor des Pferdes steckt in seiner Hinterhand; die Tragkraft wie auch Schub und Schwung werden daraus entwickelt. Pferde mit flacher Kruppe oder extrem abgeschlagener Kruppe bringen zu spitze bzw. zu stumpfe Winkel in Hüfte, Knie, Sprunggelenk und Fessel. Abgezogene Leistungskruppen korrespondieren meist mit spitzeren Winkeln im Knie und deutlichem Winkel im Sprunggelenk. Man spricht von der sogenannten Hankenbeugung. Sie ist beim

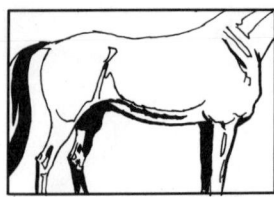

Normale Kruppe, schräge Schulter

Abfallende Kruppe, steile Schulter

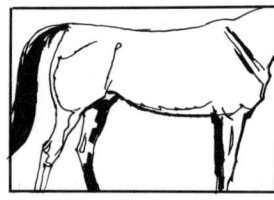

Horizontale Kruppe, schräge Schulter

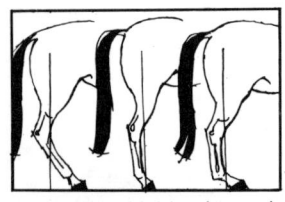

säbelbeinig   stuhlbeinig   bärentatzig

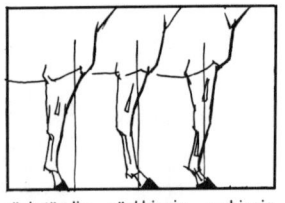

rückständig   rückbiegig   vorbiegig

Dressur- wie auch beim Springpferd erwünscht. Der Querschnitt des Pferdeleibes soll längs-oval sein, das begünstigt Sitz und Anlegen der Unterschenkel des Reiters. Die Breite der Brust ist soweit von Bedeutung, als Pferde mit zu breiter Brust häufig bodeneng bzw. zeheneng, mit zu schmaler Brust gern zehenweit oder bodenweit stehen. Das Mittelmaß ist hier das Richtige. Die Tiefe der Brust ist wesentlich für die Leistungsfähigkeit, da Herz und Lunge bei Belastung sich nach unten ausdehnen. Für den freien Tritt nach vorne ist Ellbogenfreiheit nötig. Sie darf nicht zur übertriebenen Herzleere führen. Eine tiefe Flanke zeugt von guter Futterverwertung wie von gutem Futterzustand. Hochtrainierte Pferde dürfen durchaus in der Flanke etwas geschürzt sein. Das ist nicht gleichbedeutend mit schlechtem Flankenschluß oder gar mit der sogenannten Dampfrinne (Anzeichen für Kurz- und Schweratmigkeit).

Gliedmaßen und Hufe

Gliedmaßen und Hufe sind ein wesentlicher Faktor bei der Exterieur-Beurteilung eines Pferdes. Ein altes Sprichwort sagt nicht umsonst: »Das schönste Pferd ist soviel wert, wie sein schlechtestes Bein wert ist!« Die Stärke des Fundaments soll zum Körper passen. Feine Beine sind meist trocken, d.h. Sehnen, Knochen und Blutgefäße sind unter der Oberhaut erkennbar. Langer Unterarm und kurze Röhre bzw. kurze Hinterschiene sichern raumgreifende Bewegung und flache Aktion. Korrekte Stellung des Fundaments wird nicht nur der Schönheit wegen angestrebt, sondern wegen einer langen Benutzbarkeit des Pferdes. Verdrehte und schiefe, einseitig belastete Gelenke verschleißen rasch. Auf der einen Seite tritt ein übermäßiger Abrieb der Gelenkwalzen bzw. -pfannen, auf der entgegengesetzten Seite eine Überdehnung des Sehnen- und Bänderapparates ein. Man achte immer auf Stellung, Länge und Winkelung der Fessel. Pferde mit langer Fessel sind meist spitzgewinkelt, der Winkel der Fessel zum Boden ist ein spitzer. Diese Pferde haben federnde Tritte und sind angenehm zu sitzen; die übermäßige Federung belastet jedoch den Beugesehnenapparat auf der Hinterseite der Röhre

62

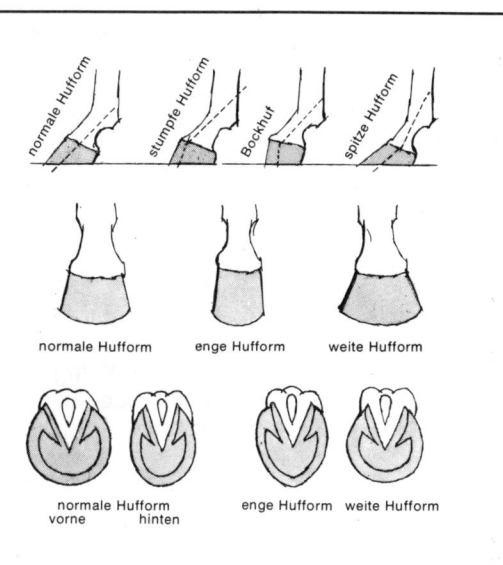

normale Hufform   stumpfe Hufform   Bockhuf   spitze Hufform

normale Hufform   enge Hufform   weite Hufform

normale Hufform
vorne   hinten   enge Hufform weite Hufform

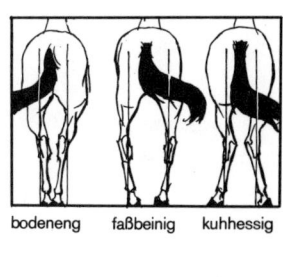

bodeneng   faßbeinig   kuhhessig

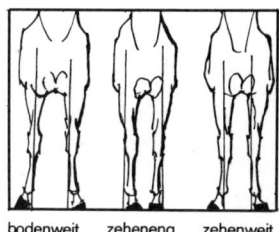

bodenweit   zeheneng   zehenweit

Stellungsfehler
und Hufformen

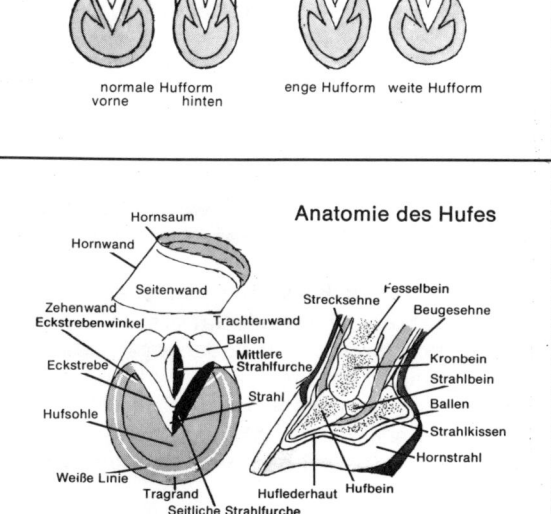

Anatomie des Hufes

Hornsaum
Hornwand
Seitenwand
Zehenwand
Eckstrebenwinkel
Trachtenwand
Eckstrebe
Hufsohle
Weiße Linie
Tragrand
Seitliche Strahlfurche
Ballen
Mittlere Strahlfurche
Strahl
Hufederhaut
Strecksehne
Fesselbein
Beugesehne
Kronbein
Strahlbein
Ballen
Strahlkissen
Hornstrahl
Hufbein

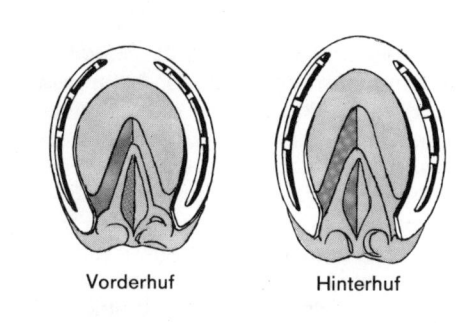

Vorderhuf   Hinterhuf

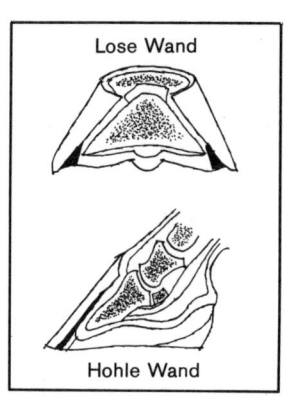

Lose Wand

Hohle Wand

63

stark. Diese Pferde müssen sehr viel gymnastiziert werden; beim Anreiten und ihrer Ausbildung darf man nur allmählich vorgehen.

Pferde mit kurzer Fessel, meist verbunden mit steilerem Winkel, sind in der Bewegung gerne etwas stumpf und stoßen den Reiter. Ein Verschleiß erfolgt hier nicht im Sehnenapparat, sondern geht durch das ständige Stoßen auf Kosten der Gelenke. Knochenauftreibungen, besonders im Sprunggelenk, sind eine nicht seltene Folge.

Der optimale Fesselwinkel des Reitpferdes zum Boden beträgt bei den Vorderbeinen ca. 45°, bei den Hinterbeinen 50°. Starke Verstellung führt zum Streichen und damit zu einer ständigen Verletzungsgefahr bei Training und Wettkampf.

Gangkorrektheit

Die Beurteilung des Fundaments im Stand stimmt mit der Beurteilung in der Bewegung hinsichtlich Korrektheit meist überein. Man betrachtet dabei ein Pferd von vorne und von hinten, im Schritt und im Trab. Vorder- und Hinterbeine müssen sich vollkommen decken. Vereinzelt tritt erst in der Bewegung die bodenweite und bodenenge, zehenweite und zehenenge Stellung der Vorderbeine oder die Kuhhessigkeit bzw. Faßbeinigkeit der Hinterbeine zutage. Jede seitliche Drehbewegung wirkt der Vorwärtsbewegung entgegen und erhöht den Verschleiß.

Gangschwung

Die Bewertung umfaßt Raumgriff, Schulterfreiheit, Beinstreckung des Vorderbeins, beim Hinterbein Untertritt, Schub, Aktivität und die Schwebephase. Wenn eine Gangart in ihrer Ergiebigkeit gefördert werden kann, so ist es am ehesten der Trab. Eine Beeinflussung des Schrittes sowie der Galoppade ist schwerer möglich. Bei allen Phasen in der Bewegung ist die deutliche Tendenz nach vorwärtsaufwärts erwünscht. Pferde, die stark auf der Vorhand laufen, bereiten bei ihrer Ausbildung mehr Arbeit und unterliegen einem rascheren Verschleiß.

Nach der Beurteilung der Einzelkriterien wird eine Gesamtnote vergeben. Die Einstufung ins Zuchtbuch, Hengstbuch oder auch die Gebäude-Placierung bei Materialprüfungen kann nach dieser Bewertung erfolgen.

Abschließend zum Kapitel Exterieur-Beurteilung eine alte Weisheit: Das schönste Pferd ist nicht unbedingt auch das Richtige für den jeweiligen Reiter.

Das Interieur, nämlich Temperament und Charakter, ist ein wesentlicher Bestandteil des Gesamteindruckes. Das beste Pferd für einen Reiter – einen Anfänger, einen fortgeschrittenen oder einen Spitzenreiter – ist nicht das teuerste, schönste und leistungsfähigste, sondern das passende Pferd, mit dem er seine Ziele verfolgen kann.

Antritt, Untertritt und Schwungentfaltung sind entscheidende Kriterien bei der Auswahl eines Reitpferdes.

Gesundheitslehre – Veterinärkunde

Unwissenheit auf dem Gebiete der Gesundheitslehre und Veterinärkunde ist genauso schädlich wie Kurpfuschertum. Dieser Unkenntnis begegnet man immer wieder in den Ställen. Ein Überblick bei den wesentlichen Körperfunktionen muß jedem Berufspferdemann zu eigen sein. Nur dann kann er den Gesundheitszustand überprüfen und rechtzeitig den Rat eines Tierarztes zuziehen. Unbeholfenheit und Unwissenheit lassen mitunter den Veterinär auf den Plan rufen, wo er wirklich nicht erforderlich ist. Überheblichkeit hat aber auch schon manchen Pferdebesitzer veranlaßt, nicht rechtzeitig den Tierarzt zu holen. Schlimme Folgen, evtl. sogar der Tod eines Tieres sind dafür nicht selten die Strafe.

Zur Kontrolle der Gesundheit eines Pferdes muß man wissen, daß im Ruhezustand das Herz etwa 28 bis 44 Schläge leistet. Hengste und Kaltblutpferde weisen teilweise höhere Frequenzen auf.

1 Wirbelsäule
2 Unterkiefer
3 Oberkiefer
4 Schulterblatt
5 Oberarmbein
6 Ellenbogengelenk
7 Unterarmbein
8 Vorderfußwurzelgelenk
9 Fesselgelenk
10 Krongelenk
11 Griffelbein
12 Hufgelenk
13 Darmbein
14 Hüftgelenk
15 Sitzbein
16 Oberschenkelbein
17 Kniescheibe
18 Kniegelenk
19 Unterschenkelbein
20 Sprunggelenk
21 Fersenbein

Rumpfstrecker und Rumpfbeuger

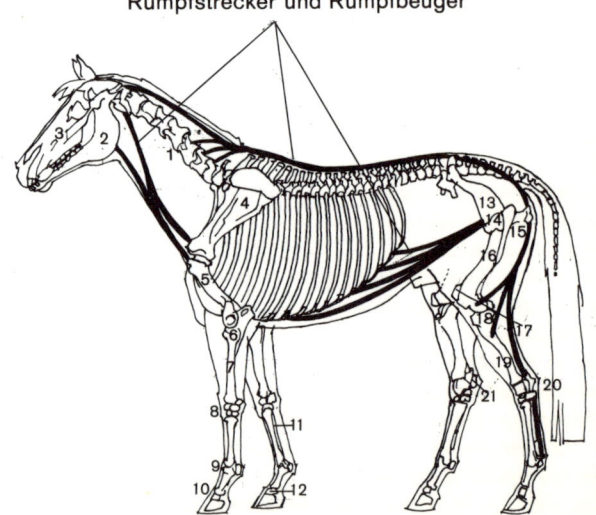

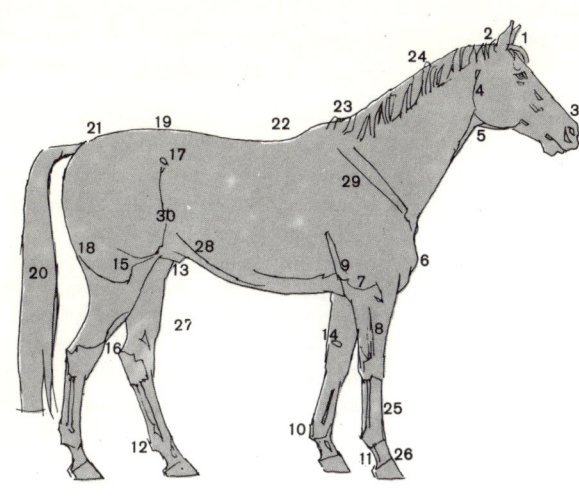

1 Schopf
2 Genick
3 Nasenrücken
4 Ganaschen
5 Kehlgang
6 Bugspitze
7 Oberarm
8 Unterarm
9 Ellbogenhöcker
10 Fesselkopf
11 Fessel
12 Köten
13 Schlauch
   (bei Hengsten,
   Wallachen)
14 Kastanie
15 Knie
16 Sprunggelenk
17 Hüfte
18 Oberschenkel
19 Lende
20 Schweif
21 Kruppe
22 Sattellage
23 Widerrist
24 Mähnenkamm
25 Röhren
26 Hufkrone
27 Hanken
28 Dampfrinne
29 Schulter
30 Flanke

Die Lunge wird im Ruhezustand durch die entsprechenden Muskelgruppen sowie das Zwerchfell in der Minute 10- bis 16mal ein- und ausgeatmet. Luftqualität und Temperatur des Stalles können hier beeinträchtigend wirken.

Die Körpertemperatur – rektal gemessen – liegt zwischen 37,5 und 38,2°.

Die Herztätigkeit, d. h. der Puls, wird mit dem Mittelfinger auf der Innenseite des Unterkieferknochen getastet. Die Atmung fühlt man an den Nüstern bzw. sie ist sichtbar an der Flanke des Pferdes. Die Temperatur wird mit einem gewöhnlichen Fieberthermometer rektal gemessen. Eine Sicherung des Thermometers ist unerläßlich; sie erfolgt mittels einer mit Heftpflaster oder Klebeband am Thermometer befestigten Schnur, die gehalten bzw. am Schweif befestigt werden kann. So verhindert man, daß das Thermometer in den Darm gleitet und dort evtl. nach Bruch bösartige Verletzungen hervorruft. Eine tägliche Gesundheitskontrolle ist die Überprüfung, ob die Pferde ihr dargereichtes Futter gefressen haben und ob die Konsistenz des Mistes gleichbleibend und fest ist. Flüssiger, dünner Mist weist auf Darmverstimmung hin, zu harte, kleine Pferdeäpfel auf Wasserknappheit bzw. schlechte Futteraufnahme oder Fieber.

Neben dem Behandeln aller Unpäßlichkeiten ist es notwendig, die Ursachen zu erforschen und abzu-

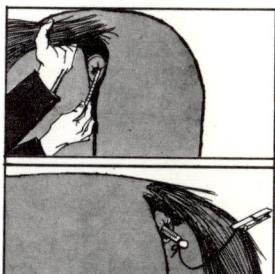

Fiebermessen:
Vorsichtiges Einführen des Thermometers und dessen Befestigung am Schweif.

stellen. Häufig finden wir sie bei der Haltung, die physiologisch nicht den Ansprüchen des Pferdes entspricht, zum Teil bei der Fütterung oder der Belastung.

Ein in Ruhe befindliches, 500 kg schweres Pferd gibt stündlich rund 750 Kilokalorien an Körperwärme ab; in der in einer Stunde ausgeatmeten Luft sind rund 300 Gramm Wasser enthalten. Das ergibt einen Bedarf von stündlich 91 m^3 Frischluft.

Wer die oft herrschenden Stallverhältnisse kennt, dem wird klar, daß Haltungsschäden für die Gesundheit unserer Pferde das größte Problem sind. Versicherungen haben ermittelt, daß 42% aller entschädigten Pferde wegen unsachgemäßer Haltung getötet werden müssen. Nur Aufklärung kann nützen, denn einem Einschreiten von tierärztlicher oder amtlicher Seite her ist ein Riegel durch die juristische Tatsache vorgeschoben, daß das Pferd vom Gesetzgeber als Sache betrachtet wird.

Diese grundsätzlichen Bemerkungen über die Pferdegesundheit sollen durch die Aufstellung (Seite 70–71) über die wichtigsten Pferdekrankheiten eine Ergänzung finden.

Zur Erhaltung der Pferdegesundheit gehören einige *Vorsorgemaßnahmen:* Die häufigen chronischen Hustenerkrankungen unserer Sportpferde machen es zur Selbstverständlichkeit, alle Pferde eines Stalles durch Schutzimpfung vor der gefürchteten Pferdeinfluenza (Hoppegartener Husten) zu bewahren. (Grundimmunisierung im Abstand von 6 Wochen, jährliche Auffrischungsimpfung). Im Pferdemist hält sich der Erreger des Starrkrampfes – Tetanusbazillus – bevorzugt auf. Diese tödliche Krankheit tritt immer wieder auf. Schutzimpfung hilft dagegen. (Kombinierte Impfung gegen Influenza und Tetanusinfektion: Praevacun-T). In gefährdeten Gebieten hat sich zusätzlich eine Schutzimpfung gegen Borna – ansteckende Gehirn-Rückenmarksentzündung – bewährt.

Selbstverständlich sollte sein, daß beim Wechsel eines Pferdes in eine andere Boxe diese vorher vollkommen gereinigt und desinfiziert wird. Das gleiche trifft zu, wenn der gesamte Bestand eines Stalles (Lehrgangsstall) ausgewechselt wird. Zur Desinfektion haben sich u. a. Lysol, Creolin oder Natronlauge bewährt. Der Auftrag kann auch an spezielle Firmen übergeben werden.

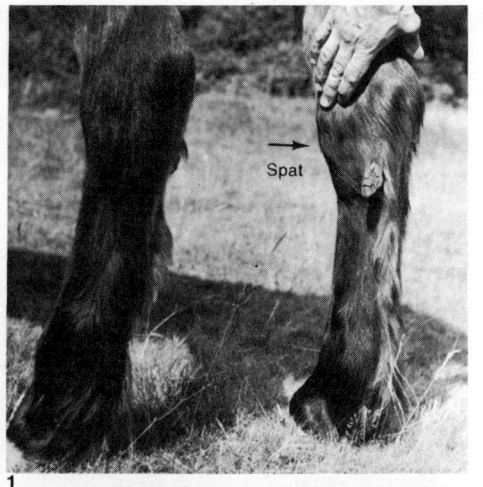

Spat

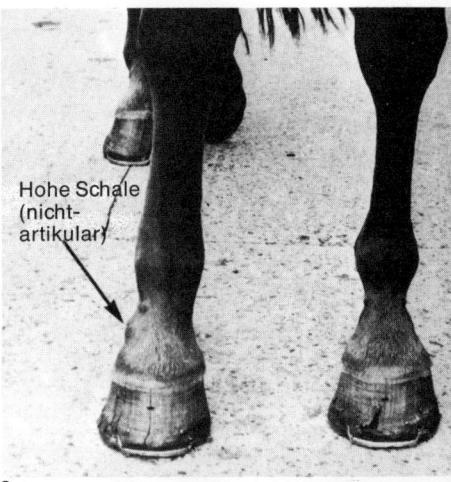

Hohe Schale (nicht-artikular)

1

2

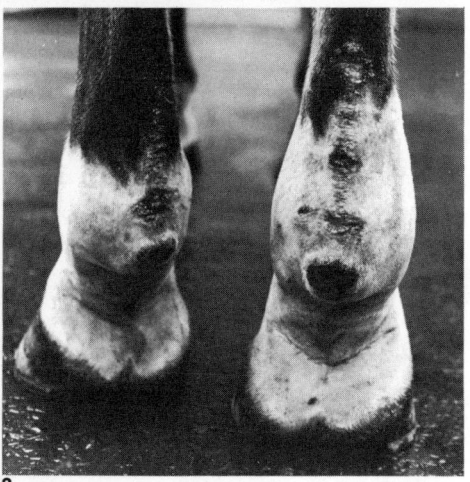

3

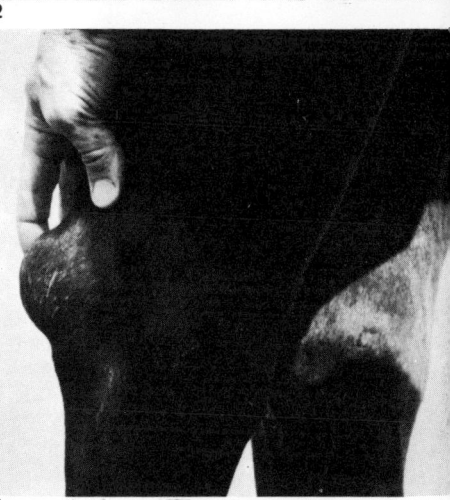

4

Beim Pferdekauf spielen einige Krankheiten, die sogenannten *Hauptmängel*, eine besondere Rolle. Zu diesen Gewährs- oder Hauptmängeln zählen:

- Dummkoller
- Dämpfigkeit
- Kehlkopfpfeifen
- Koppen
- Rotz
- periodische Augenentzündung (Mondblindheit)

Das Vorhandensein einer dieser Mängel macht einen Pferdekauf unwirksam. Der Käufer muß ihn in der sog. Gewährsfrist von 14 Tagen feststellen und den Verkäufer mittels eingeschriebenem Brief zur Kaufwandlung auffordern.

1 **Spat:** Eine Knochenauftreibung am Sprunggelenk führt zur Lahmheit im Gelenk- und Sehnenbereich.

2 **Schale:** Auftreibungen drücken im Bereich des Krongelenkes und des oberen Hufrandes.

3 **Mauke:** Entzündung durch unsaubere Haltung, Pflege.

4 **Piephacke:** Gelenkshaube durch mechanische Einwirkung auf das Sprunggelenk (ohne Einfluß auf Bewegung).

Die häufigsten Pferdekrankheiten

Bereich	Erscheinungsbild	Ursache	Behandlung
Kopf, Hals	Nasenausfluß	*Erkältung* ohne Ansteckung	Schonung über einige Tage
	eitriger Nasenausfluß, Fieber, Schwellung der Lymphdrüsen im Kopf- und Halsbereich	*Druseinfektion*	Tierarzt: heiße Umschläge, Zugsalben
	Tränenfluß und eitriger Ausfluß aus dem Auge, Verschluß der Augenlider	*Fremdkörper*	Ausschwemmung mit Wasser
		Bindehautentzündung, Verengung oder *Verstopfung des Tränenkanals*, *Verletzung und Infektion der Hornhaut bzw. des Augapfels.* *Periodische Augenentzündung* (Hauptmangel)	Bei allen krankhaften Veränderungen, die über einen Tag anhalten: Tierarzt! Bei Verletzungen sofort Tierarzt.
Atmungsorgane	pfeifendes, rasselndes Atmungsgeräusch, besonders bei Belastung	*Kehlkopfpfeifen, Röhren,* Verengung im Kehlkopf, die Leistungsabfall verursachen kann)	Hauptmangel, wenn unheilbar und schwerwiegend; Ankaufsuntersuchung durch Tierarzt. Operation.
	trockener Husten	*Kehlkopfentzündung* (ohne Beteiligung des gesamten Lungentraktes) durch Staub, Erkältung oder Teilinfektion	Tierarzt zur sicheren Diagnose, Schutzimpfung mit Praevaccinol
	Husten, der aus der Tiefe der Lunge kommt, Fieber, Nasenausfluß	*Pferdeinfluenza*, Hoppegartener Husten: Virusinfektion oft mit seuchenartiger Verbreitung	Tierarzt: Antibiotika, hustenlindernde Mittel. Bei zu kurzer Schonung chronischer Verlauf, Dämpfigkeit. Vorbeugende Schutzimpfung mit Praevacum o. ä.
	Kurzatmigkeit, Atemnot, Husten, Erschöpfungszustand, heftige Flankenatmung mit Bildung der sog. Dampfrinne	*Dämpfigkeit:* umfaßt alle chronischen, krankhaften Veränderungen im Lungen-Herz-Komplex. Meist geplatzte Lungenbläschen und Vergrößerung der Lunge, was zur Verringerung der Sauerstoffaufnahme führt. Entsteht oft aus verschleppter Influenza über chronische Bronchitis. Ähnliche Krankheitserscheinungen bei chronischem, schwerem Herzklappenfehler und Herzschwäche	Hauptmangel beim Pferdekauf: tierärztliche Ankaufsuntersuchung! Unheilbar! Bei Lungendampf mit Cortisonpräparaten Linderung erreichbar (Verschleierungsgefahr!)
Verdauungsorgane	Bauchschmerzen, Scharren, Schweißausbruch, Unruhe, Schlagen mit den Hinterbeinen nach dem Bauch, Umblicken und Beißen nach dem Bauch, lautes Stöhnen, Niederwerfen und Wälzen	*Kolik:* Verstopfung, Gasbildung, Blähung, Magenüberfüllung, Schleimhautentzündung, Geschwürbildung, starker Wurmbefall, Vergiftung durch Pflanzen oder Chemikalien, Darmverschlingung	Bei leichter Kolik führen, sofort absoluten Futterentzug. *Sofort Tierarzt!*
	breiiger, wässriger Kot, ständiges Misten	*Durchfall:* bedingt durch rasche Futterumstellung, verdorbene, schimmelige Futtermittel, Weidegang ohne genügende, allmähliche Futterumstellung und Rauhfutterbeigabe	Abstellung des Fütterungsfehlers! Weglassen des verdorbenen Futters! Auf der Weide Heu- oder Strohbeifütterung. Tierkohlepräparate! Bei längerem Anhalten: Tierarzt!

Bereich	Erscheinungsbild	Ursache	Behandlung
Verdauungsorgane	aufgetriebener Bauch, stumpfes, glanzloses, struppiges Haarkleid, verscheuertes Schweifhaar, eventuell Würmer im Kot sichtbar	*Darmparasitenbefall:* erhöhte Invasionsgefahr auf der Weide, jedoch auch in Laufställen und fremden Boxen und Ställen. Beim Pferd sechs Arten: Spulwürmer, Fadenwürmer (Maden), Pfriemenschwänze, Palisadenwürmer, Magenbremsenlarven, Bandwürmer.	Tierarzt! Kotprobenuntersuchung, anschließend individuelle Parasitenbekämpfung, bei Weidetieren zweimal im Jahr
Gliedmaßen, Hufe	Lahmheiten beim Aufsetzen der Gliedmaßen (Stützbeinlahmheit)	*Prellung* im Gelenk, *Zerrung* der Sehnen, *Steingallen, Nageltritt, Vernagelung, Hufabszeß, Entzündung* nach Kronen- oder Ballentritt, *Überbeine* im Entstehen, *Hufrollenentzündung, Spat*	Bei geringgradigen Lahmheiten durch Prellungen und Zerrungen Ruhe! Bei allen anhaltenden, entzündlichen und wiederkehrenden Lahmheiten Tierarzt!
	Lahmheiten beim Vorführen der Gliedmaßen (Hangbeinlahmheit)	*Zerrungen* im Schulter-, Ellbogen-, Hüft-, Knie- und Sprunggelenk	Schwer zu lokalisieren! Tierarzt!
	vollkommene Unbrauchbarkeit eines Beines – es wird nicht mehr auf dem Boden aufgesetzt!	*Knochenbruch, Knochenriß*	Tierarzt: Nagelung! Nottötung!
	Anlaufen der Beine	*Stauungen* (Ödeme), entstehen durch Ruhe, Haarwechsel, Erkältungen	Bewegung, Stützbandage mit Wattepolsterung im Ruhezustand
	dicke Anschwellung einer Gliedmaße	*Einschuß* (Phlegmone) nach Infektion einer oft unbedeutend erscheinenden Wunde	Tierarzt
Hauterkrankungen	Haarausfall, Pickel, Abszesse, Entzündungen	*Hautausschläge, Haarwurzelabszesse, Pilzbefall, Räude*	Tierarzt
Allgemein	Wunden am Kopf, am Körper und an den Gliedmaßen	*Verletzungen, Scheuerungen*	Desinfektion, Puder, Salben. Bei allen größeren Wunden: Tierarzt. Verhinderung von Narbenbildung durch Nähen!
Rücken- und Kruppenmuskulatur	schwankender Gang mit steifer Hinterhand, Schweißausbruch, Zittern am ganzen Körper, dunkler Harn, harte Kruppenmuskulatur	*Kreuzverschlag* = Nierenverschlag; Milchsäureüberschuß bei schlechter Durchblutung des Muskelgewebes besonders nach Stehtagen	Eindecken! Unterstellen! Sofort Tierarzt!
Total	steife Bewegungen, starrer Blick, Lähmung der Freß- und Schluckmuskulatur, »sägebockähnliche Haltung«, vollkommene Steifheit und Verhärtung der Muskeln	*Wundstarrkrampf* (Tetanusinfektion): Bakterien sind im Boden, bes. auf Pferdeweiden und im Mist und treten durch oft kleinste Verletzungen in den Körper ein	Vorbeugung: Schutzimpfung unbedingt zu empfehlen! Sofort Tierarzt! Oft tödlich!
	gestörtes Allgemeinbefinden, Müdigkeit, taumelnder Gang, Futteraufnahme wird verweigert, einseitige Muskelverkrampfung, Pferd dreht sich gekrümmt im Kreis und bricht zusammen	*Ansteckende Gehirn-Rückenmark-Entzündung – »Bornasche Krankheit«* – Virusinfektion, anmeldepflichtige Pferdeseuche!	Schutzimpfung! Sofort Tierarzt! Meist tödlicher Verlauf!

Führen, Vorführen und Transport von Pferden

Am sachgemäßen Führen erkennt man den Pferdemann. Er steht vor dem Pferd, geht neben dem Pferdekopf und führt in der rechten Hand den Trensenbzw. Führzügel. Jedes Vorstellen eines Pferdes nur am Halfter ist unsachgemäß und bringt Gefahren. Bei allen Schadensfällen wird ein Gutachter ein Verbringen eines Pferdes vom Stall zur Koppel über einen öffentlichen Weg nur dann als sachgemäß anerkennen, wenn das Pferd mit einem Führzügel versehen war. Nervigen Pferden wird man dabei eine Trense anlegen, Hengsten oder Vollblütern evtl. sogar ein sogenanntes Steigergebiß.
Vorgeführt und vorgemustert werden Pferde auf Zuchtschauen, Vielseitigkeitspferde nach Prüfungsabschnitten oder Hengste bei Körungen. Die korrekte Zäumung hierbei ist die Trense mit hannoverschem oder englischem Reithalfter. Mitunter wird das Reithalfter allerdings weggelassen, um die elegante Linie eines Pferdekopfes besser zu betonen. Vorgeführt wird im Schritt und im Trab. Beim Pferdekauf und bei Gesundheitskontrollen in Vielseitigkeitsprüfungen ist die gerade Musterbahn üblich, bei allen Zuchtschauen und Körungen hat sich die Dreiecksmusterbahn eingeführt. Die Pferde müssen entsprechend eingemustert, d. h. an das Führen im Schritt und im Trab gewöhnt sein. Der Führer kann nicht mit Gewalt und zu kurzem Fassen der Zügel am Pferdekopf das Pferd in eine Richtung zwingen,

Richtiges Führen des Pferdes am Zügel

Falsche und leichtfertige Führung des Pferdes

Offene Stellung
mit vier gleichmäßig
belasteten Beinen.

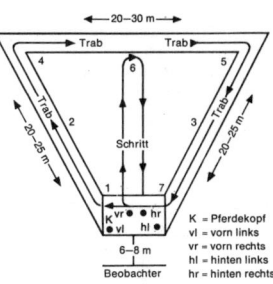

Die Dreiecksbahn zum
Mustern im Schritt und Trab.

es muß frei am mittellangen Zügel dem Vorführer ge-
horchen. Nicht Ziehen, sondern kurzes Parieren am
Zügel veranlaßt niederere Gangarten oder führt
zum Halten. Beim Mustern auf der Geraden werden
etwa 10 Meter vor und zurück im Schritt geführt,
anschließend rund 20 Meter vor und zurück getrabt.
Jede Wende erfolgt nach rechts, da sich sonst das
Pferd dem Einfluß des auf der linken Seite Führen-
den entzieht. Beim Wenden wird immer zum Schritt
durchpariert. Auch auf der Dreiecksbahn wird an
jeder Ecke zum Schritt durchpariert. Beim Auf-
stellen wird das Pferd mit der linken Breitseite
dem Beschauer bzw. der Kommission zugerichtet.
Nach einer Wendung mit einer viertel Drehung nach
rechts beginnt das Vormustern, auch auf der Dreiecksbahn zuerst auf der Geraden im Schritt rund
10–15 Meter, dann im Trab auf dem Dreieck, wobei
die Seiten ca. 20–30 Meter lang sind. Abschließend
wird es wie zu Beginn der Besichtigung im Stand
in offener Stellung (alle vier Beine von der Kommission aus sichtbar) vorgestellt.

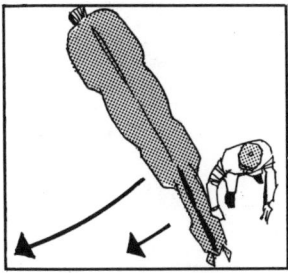

Beim Führen die Wendun-
gen immer nach rechts
machen

Zucht- wie Sportpferde, letztere natürlich besonders oft, müssen Transporte über sich ergehen
lassen. Einige Grundsätze gelten, egal, ob in einen
großen Pferdetransporter oder in einen PKW-Pfer-
deanhänger verladen wird. Jedes Pferd muß an die
Reisevorbereitungen gewöhnt werden. Vor dem
ersten Transport übt man mit aller Ruhe das Verladen – möglichst auf einen geräumigen Hänger –
und unternimmt kleine Fahrten. Die erste Fahrt darf
nicht gleich Stunden währen und bei brütender
Hitze oder trommelndem Regen erfolgen. Unange-

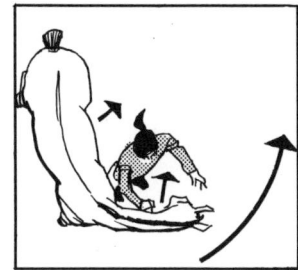

Falsche Wendung nach links:
Der Reiter hat so keine
Gewalt über das Pferd.

nehme Erinnerungen prägen sich, wie wir wissen, beim Pferd tief ein.

Vielleicht bringt man ein altes, erfahrenes Pferd auf die Verladebrücke, so daß das junge, erstmals transportierte Pferd sich lieber dazugesellt. Bei Pferdeanhängern ist es oft notwendig, die Plane zurückzuschlagen, um dem Pferd die Scheu vor dem düsteren Innenraum zu nehmen. Wiederkehrende Belohnungen mit Hafer, Brot oder Möhren, ein sogenanntes Hineinfüttern in den Pferdetransporter, bringen oft Erfolg. Ständiges Beruhigen, Abklopfen und evtl. ein Setzen der Füße auf die Verladebrücke veranlassen manch ängstliches Pferd, das Transportgefährt zu betreten. Eine an den beiden Seiten der Transporttüre befestigte Longe, die verkürzt wird, zählt zu den mildesten Zwangsmaßnahmen. Zwei beiderseitig am Transporter angelegte Stangen können den Weg weisen, eine dritte Stange, von kräftigen Männern geführt, kann behutsam schiebend einwirken. Jede Peitschenhilfe, weitere Gewalt, Schreien und Schimpfen führen mit Sicherheit nicht zum Erfolg, wobei ein einmaliger Erfolg keinen Dauererfolg verspricht. Auf Turnierplätzen findet man oft ganze Volksaufläufe beim Verladen. Gerade sie bieten nicht die Voraussetzung dafür, daß das Pferd den Vorgang für einen alltäglichen ansieht und sich künftig von einem oder zwei Menschen verladen läßt.

Im Transporter ist eine sichere Befestigung notwendig und zwar möglichst von beiden Seiten. Große Bewegungsfreiheit ist nicht von Nutzen; eine kräftige Stange vor der Brust muß verhindern, daß das Pferd bei einer notwendigen Bremsung nach vorne geschleudert werden kann. Die Straßenverkehrsordnung schreibt für den Hängerbetrieb eine Höchstgeschwindigkeit von 80 Stundenkilometer vor. Dessen sind sich offenbar viele Pferdeleute unterwegs nicht bewußt. Die labile Last im Anhänger ist bei Geschwindigkeiten darüber eine echte Gefahr für den Straßenverkehr, das eigene Gefährt und natürlich auch für das Tier selbst. Erhöhte Vorsicht und das Einhalten größerer Abstände sind erforderlich, weil viele Straßenverkehrsteilnehmer nicht die Problematik des Transportierens von Pferden kennen, den Pferdetransporter knapp überholen und sich vor das schwerfällige Gefährt in die Spur drängen.

Longieren, Voltigieren

Die Arbeit an der Longe erfolgt

- um junge Pferde vor dem Reiten schonend an die Arbeit zu gewöhnen,
- um Pferde mit Rückenproblemen leichter zu lösen,
- um Kräfte bei Pferden wie Reiter zu sparen,
- um Pferde mit Verletzungen – Satteldruck, Gurtscheuerung – zu arbeiten
- oder um den Reiter, der möglicherweise verletzt ist, zu entlasten.

Nicht alles, was man als Longieren zu sehen bekommt, hat mit Arbeiten eines Pferdes etwas zu tun. Ein an der Longe befestigtes Pferd, das im Kreis läuft, profitiert von dieser Bewegung nur dann, wenn die Arbeit sachgemäß ausgeführt wird.
Als Ausrüstung ist erforderlich: Zaumzeug, evtl. darüber Kappzaum, Longiergurt bzw. Sattel, Ausbindezügel, Longe (8,50 m) und Longierpeitsche. Letztere muß mit Schlag so lang sein, daß das Pferd, wenn es auf dem Zirkel geht, noch touchiert werden kann. Die Longierarbeit erfolgt in den drei Grundgangarten; das Pferd hat dabei ständig leichte Anlehnung an die auf gleicher Höhe wie das Maul befindliche Hand des Longeurs. Die Longe wird immer mit der Hand geführt, auf der das Pferd geht. Die zweite Hand führt dahinter die treibende Peitsche. Als weiteres Hilfsmittel dient die Stimme, die ermunternd antreibt oder beruhigend verwahrt und

Richtig verschnallter Hilfszügel Longe steht richtig an Falsch: Longe hängt durch

Einschnallen der Longe

pariert. Bei der Arbeit an der Longe können strahlenförmig vom Mittelpunkt Cavaletti aufgestellt werden. Durch Verlegen des Mittelpunktes zu oder von den Cavaletti bzw. Verkürzen und Verlängern der Longe ist es möglich, eine Streckung des Pferdes oder eine Verkürzung zu erwirken. Zudem ist das Überwinden kleiner Hindernisse an der Longe möglich.

Neben der Ausbildung des Pferdes beginnt im Regelfall auch die Ausbildung des Anfangsreiters mit einigen Stunden an der Longe. Besonders bei etwas temperamentvollen Pferden lohnt es, dem Anfänger die Grundbegriffe des Sitzes zu vermitteln, bevor er sich mit der Führung des Pferdes durch den Zügel befassen muß.

Bei Fahrpferden, Traberpferden oder bei der Ausbildung und Arbeit von Pferden zu Lektionen mit hohem Versammlungsgrad findet die Doppellonge Anwendung. Mit ihr erfolgt die Arbeit nicht nur auf dem Zirkel, sondern auf der Geraden und Diagonalen sowie auf allen übrigen Hufschlagfiguren.

Voltigieren ist für Kinder Spiel und Spaß und gleichzeitig Wettkampfsport. Die Zahl der Voltigiergruppen bei den Reitvereinen hat sehr stark zugenommen. Das Bestreben, den Nachwuchs für eine Sportdisziplin so früh wie möglich zu gewinnen, hat sicher dazu beigetragen. Leider ist nicht immer nur die Neigung und Begeisterung der Kinder und Jugendlichen ausschlaggebend, oft genügt der Ehrgeiz der Eltern als Motivation für die kindlichen Sportambitionen. Voltigieren vermittelt körperliche und geistige Vorteile. Die Gymnastizierung, Förderung der Wendigkeit und Geschicklichkeit sind ebenso wichtig wie die Kameradschaft zum Pferd und zu den Sportfreunden, die Disziplin und die Selbstüberwindung.

Beim Voltigieren geht das Pferd an der Longe auf dem Zirkel um den Voltigierlehrer, der es mit Stimme und Voltigierpeitsche bzw. mit Paraden in einem gleichmäßigen, ruhigen und runden Galopp hält.

Beim wettkampfmäßigen Voltigieren werden Grundübungen, Pflichtübungen und Kürübungen unterschieden. Zu den Grundübungen gehören das Anlaufen, der Aufsprung, der Abgang und der Absprung. Sie wiederholen sich bei Pflicht- und Kürübungen, um zum Pferd und vom Pferd zu gelangen. Die Pflichtübungen müssen beim Wettkampf von

Die Freude beim Voltigieren muß wichtiger sein als der Gedanke an den Leistungssport.

den 8 Teilnehmern einer Wettkampfgruppe vorgeführt werden. Das Höchstalter der Jugendlichen ist dabei 16 Jahre. Mit Wertnoten von 0 bis 10 (nicht ausgeführt bis ausgezeichnet) wird jede Pflichtaufgabe eines jeden Kindes benotet. Jede Pflichtübung muß nach dem Aufspringen wenigstens vier Galoppsprünge durchgestanden werden.

Zu den Pflichtübungen zählen:

- Grundsitz
- Fahne
- Mühle
- Flanke
- Stehen und
- Schere

Die Kürübungen sind mannigfach. Vom Hula-Hoop-Reifen über das Seilspringen und Ballspielen, vom Kosakenhang, dem Schneidersitz, dem Stehen auf

Stehen

Fahne

Knien

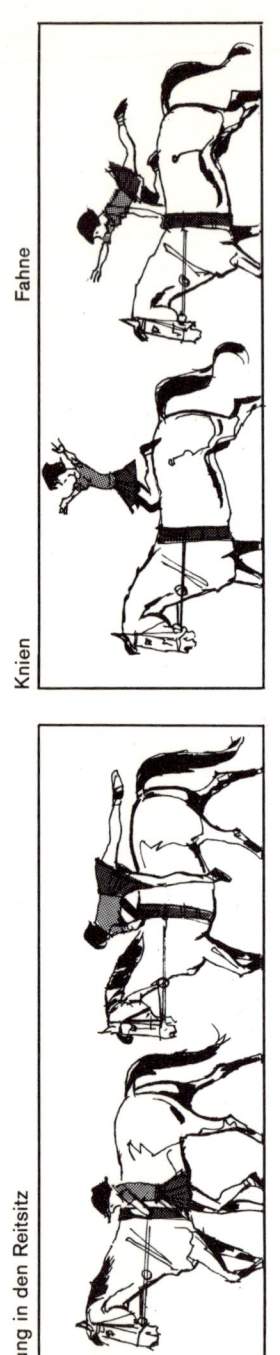

Sprung in den Reitsitz

Schere

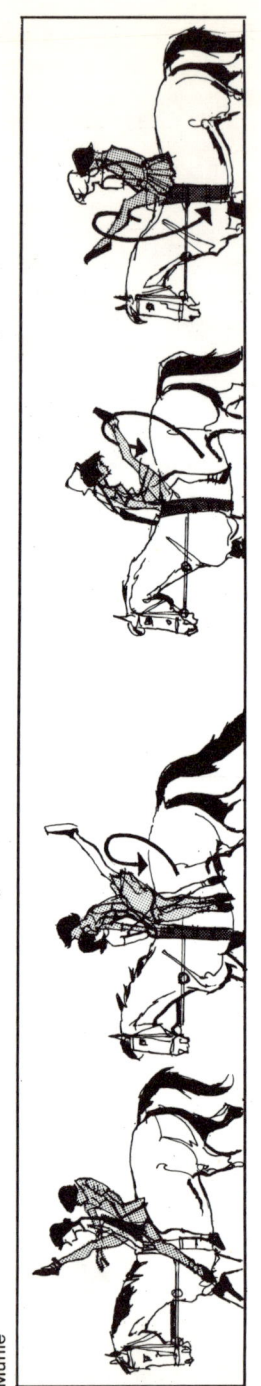

Mühle

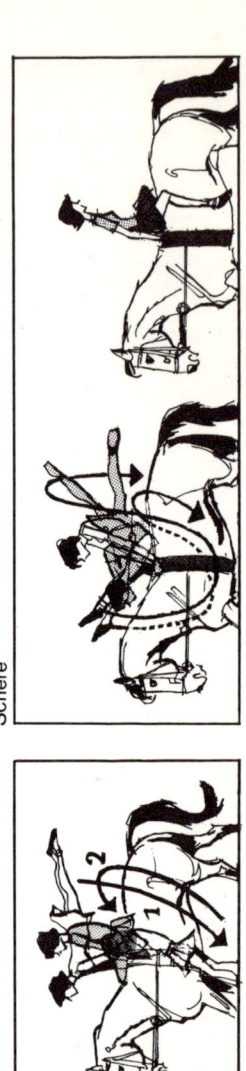

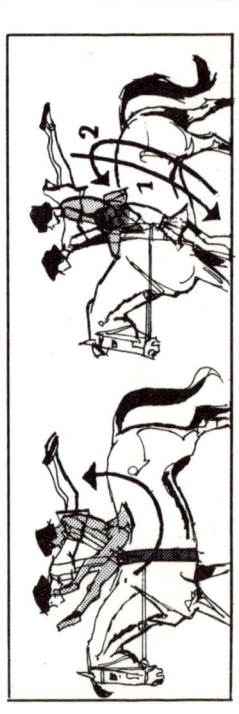

Flanke

einem Bein, dem Schulterstand geht es bis zu einer Vielzahl von Kürübungen, bei denen zwei und drei Kinder gleichzeitig auf dem Pferderücken turnen, wie z. B.: Doppelfahne, Reitsitz, Stehen, Fahne und Standwaage, Stehen und Handstand, der Schultersitz, der Übersprung, die Schubkarre, der fliegende Engel. Mit Übung und zum Teil akrobatischem Auf- und Abspringen ist hier dem zirzensischen Ausbau keine Grenze gesetzt. Für Hebefiguren sind bei der Auswahl der Jugendlichen kräftige und besonders leichte Gruppenmitglieder einzuplanen.

Beim Training einer Wettkampfgruppe ist wie beim Voltigieren überhaupt immer darauf zu achten, daß die Freude am Sport und die Kameradschaft zum Pferd überwiegen und nicht bereits bei Kindern und Jugendlichen verbissener Ehrgeiz die Atmosphäre verderben oder die spielerische Leichtigkeit verdrängen.

Jugendliche, die im laufenden Kalenderjahr mindestens 10 Jahre alt sind, aber noch nicht 17 Jahre alt werden, können das *Deutsche Voltigierabzeichen* in einer Sonderprüfung erwerben, in Bronze und in Silber.

Für das Abzeichen in *Bronze* muß in allen 6 Pflichtübungen auf galoppierendem Pferd – Grundsitz, Fahne, Mühle, Flanke, Stehen, Schere – mindestens die Wertnote 5,0 erreicht werden. Es gelten nur volle Noten.

Für das Abzeichen in *Silber,* das nach frühestens einjährigem Besitz des Abzeichens in Bronze erworben werden kann, muß in den Pflichtübungen mindestens die Durchschnittsnote 7,0 erreicht werden, wobei keine einzelne Wertnote unter 5,0 liegen darf. Es gelten nur volle Noten.

Die Verleihung erfolgt durch die FN.

Voltigierabzeichen der
Deutschen Reiterlichen
Vereinigung

Ausrüstung –
ihre Anwendung und Pflege

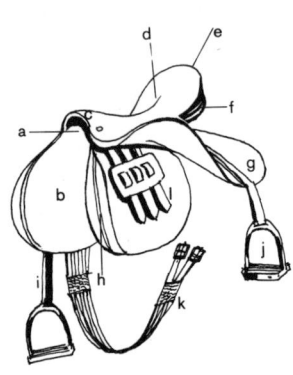

a Sattelkammer
b Schweißblatt
c Vorderzwiesel
d Sitzfläche
e Sattelkranz
f Sattelpolster
g Sattelblatt
h Pausche
i Steigbügelriemen
j Steigbügel
k Sattelgurt
l Strupfen

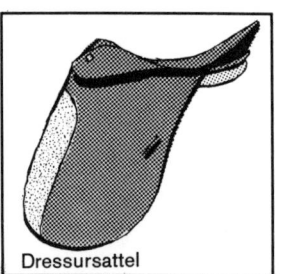

Dressursattel

Der wesentlichste Teil der Reitausrüstung ist der Sattel. Bei der intensiven Benutzung, der er ausgesetzt ist, muß man Qualität dem Preis voranstellen. Bestes Leder, hervorragender Unterbau und saubere, solide Verarbeitung sichern einen angenehmen Sitz und langjährige Nutzung. Der Sattel muß für Pferd und Reiter gleichermaßen passen. Beim Pferd darf der Vorderzwiesel nicht auf dem Widerrist aufliegen – 3 bis 4 Finger Zwischenraum –, die Trachten kommen auf die lange Rückenmuskulatur zu liegen. Beim Reiter bedeutet dies, daß das Sattelkissen der Körpergröße, besonders der Größe des Gesäßes, und die Sattelblätter der Länge der Reiterbeine angemessen sind. Unterschiede bei den Sätteln gibt es hinsichtlich ihrer Verwendungsdisziplin. Beim Dressursattel unterstützen lange Sattelblätter, wenig aufgepauscht, ein ganz am Pferd liegendes Knie und einen langen Unterschenkel, der besten Kontakt zum Pferd bietet. Beim Vielseitigkeitssattel, dem Modell, das am weitesten verbreitet und in Anwendung ist, sind schon etwas vorgeschobene Pauschen vorhanden, wobei auf eine gute Knielage und ein tiefes Knie geachtet wird. Der Springsattel besitzt weit vorgezogene Pauschen, die stark unterpolstert sind. Sie erlauben einen kurzen Bügel und dienen der Unterstützung des hochgewölbten und entlasteten Pferderückens. Bei einigen neuen Springsätteln sind sogenannte Wadenpauschen hinter dem hinteren Stiefelrand angebracht, die ein Hochgleiten des Unterschenkels vermeiden helfen.

Das Innengerüst, das früher nur aus Holz und Stahl angefertigt war, besteht heute bei rund 30% der Sättel bereits aus Kunststoff, Kunstharzen und Glasfiber. Diese Materialien sind dauerhaft, ermüdungsfrei, leicht und unzerbrechlich. Als Sattelunterlage haben sich Filz, an den empfindlichen Stellen mit Leder verstärkt, Lederdecken, die allerdings sehr viel Pflege brauchen, oder leicht abgesteppte Leinensatteldecken bewährt – letztere besonders wegen ihrer Waschbarkeit und Hautfreundlichkeit. Das bei

Scheuerungen und Drücken vielfach verwendete Lammfell aus Naturfaser bzw. das Kunstfaserfell bringen den Nachteil, daß durch die Dicke der Auflage Gesäß- und Schenkelkontakt etwas verringert werden.

Bügelriemen und Bügel sind ein wichtiger Bestandteil des Sattels. Beim Bügelriemen ist beste Qualität aus Sicherheitsgründen gerade gut genug. Die Einhängung des Bügelriemens in die Feder ist auf ihre Öffnungsfunktion zu überprüfen. Die hochgeklappte Feder muß sich leicht öffnen und ein Freigeben des Bügelriemens gewährleisten. Erfahrene Reiter klappen die Feder zur Erhöhung ihrer Sicherheit überhaupt nicht hoch. Große, schwere Bügel verringern zusätzlich das Sicherheitsrisiko im Falle eines Sturzes. Beim korrekt aufgenommenen Bügel am Fußballen muß dieser in jeder Situation den Stiefel des Reiters sofort freigeben. Dies tut er nur, wenn genügend Spielraum rechts und links der Sohle und über dem Fußrist vorhanden ist. Ein schwerer Bügel kann, wenn er vom Fuß geglitten ist, zudem wieder leichter aufgenommen werden. Gummieinlagen erhöhen die Haftung der Sohle nur, solange man in den Bügel tritt.

Der Sattelgurt hält den Sattel auf dem Pferderücken. Er muß intakt und belastbar sein und zählt zu den wesentlichen Sicherheitsfaktoren. Der Sattelgurt liegt richtig eine Handbreite hinter dem Ellenbogenhöcker des Pferdes. Ledersattelgurte benötigen wie Ledersatteldecken eine ständige, nahezu tägliche Pflege. Am weitesten verbreitet sind die Schnurgurte aus mehrfach zusammengewobenen bzw. geflochtenen Perlonschnüren. Sie besitzen eine gewisse Elastizität und hohe Reißfestigkeit. Das Material ist leicht zu reinigen; ein Weißeinfärben, wie es früher bei den Eisenschnurgurten notwendig war, erübrigt sich.

Halfter und Trense sind das »Steuer« am Pferd. Die Auswahl richtet sich nach dem Ausbildungsstand des Pferdes, der Disziplin, dem Können des Reiters und der Sensibilität des Pferdemauls. Dicke Trensengebisse sind immer dünnen vorzuziehen, egal ob bei jungen oder heftigen Pferden. Nur in der Hand des wirklich geschickten und erfahrenen Reiters, der vollkommen unabhängig sitzt, kann einmal ein schärferes Gebiß gerechtfertigt sein. Für die Grundausbildung von Pferd und Reiter haben sich das hannoversche Reithalfter und das kombinierte eng-

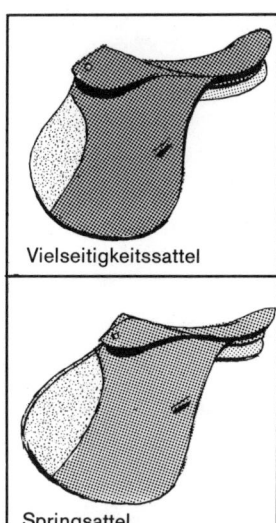

Vielseitigkeitssattel

Springsattel

Sitz der Sporen:

falsch   richtig

Sporen gehören zur korrekten Ausrüstung des Reiters. Die Verwendung von zu scharfen Sporen ist unsportlich und kann zum Konflikt mit dem Tierschutzgesetz führen.

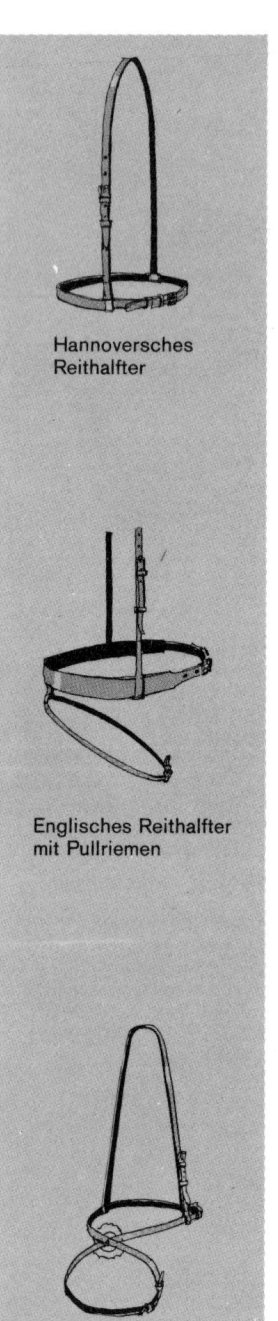

Hannoversches
Reithalfter

Englisches Reithalfter
mit Pullriemen

Mexikanisches
Reithalfter

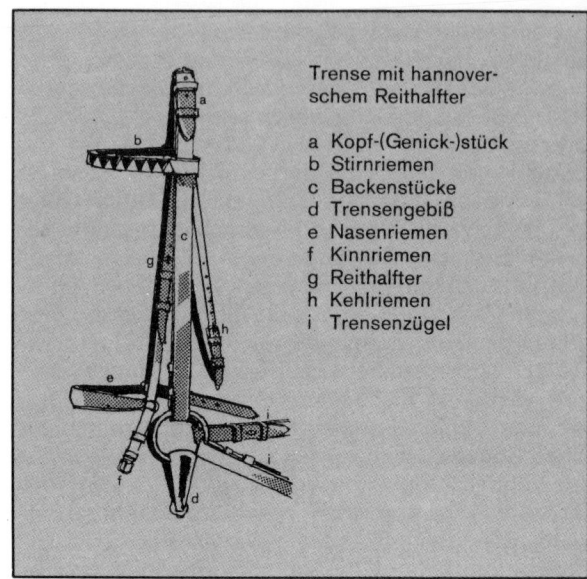

Trense mit hannover-
schem Reithalfter

a Kopf-(Genick-)stück
b Stirnriemen
c Backenstücke
d Trensengebiß
e Nasenriemen
f Kinnriemen
g Reithalfter
h Kehlriemen
i Trensenzügel

lische Reithalfter bestens bewährt. Für die Dressur ab Klasse L kommt die Kandarenzäumung in Frage, für Springprüfungen ab Klasse M ist nach der Leistungsprüfungsordnung eine gewisse Freizügigkeit gegeben. Bei heftigen Pferden, die sich gegen die Hand wehren, ist sowohl im Gelände wie auch im Springparcours ein richtig verschnalltes Martingal eine Hilfe. Bei Geländeritten mit vielen Kletterstellen sichert ein Vorderzeug, das mit einem gleitenden Ringmartingal verbunden sein kann, ein Verrutschen des Sattels.

Bei den Zügeln gibt es ein vielfältiges Angebot. Der einfache Lederzügel gleitet gerne, wenn er von Schweiß oder Regen feucht geworden ist. Ein geflochtener oder beflochtener Lederzügel ist hier schon günstiger. Besonders weich und angenehm sind geflochtene Baumwollzügel, und griffig sind jene Zügel, die mit Gumminoppenstoff überzogen sind. Weitverbreitet und sehr zweckmäßig ist der mit Lederstegen versehene Gurtzügel. Diese Ledernoppen oder Lederstege lassen sich entsprechend der Länge des Pferdehalses und der Handhaltung des Reiters nach Wunsch anbringen, so daß immer ein korrektes und gleichbleibendes Zügelmaß gesichert ist.

Bandagen dienen nicht nur beim Vorstellen von Pferden der Schönheit. Sie schützen bei der Ausbildung

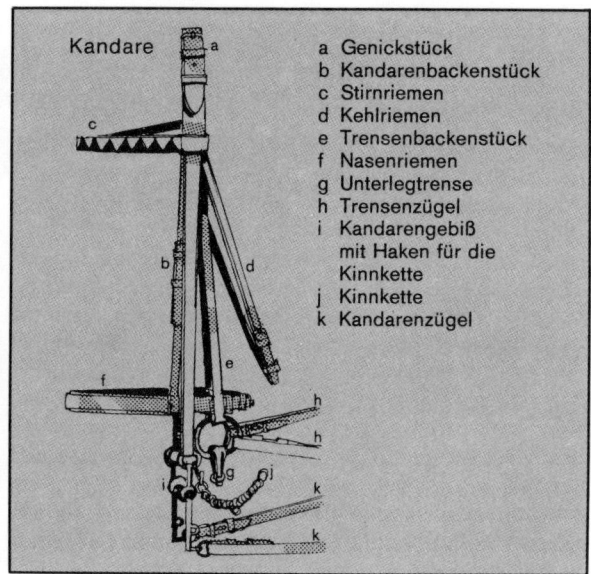

Kandare

a Genickstück
b Kandarenbackenstück
c Stirnriemen
d Kehlriemen
e Trensenbackenstück
f Nasenriemen
g Unterlegtrense
h Trensenzügel
i Kandarengebiß
  mit Haken für die
  Kinnkette
j Kinnkette
k Kandarenzügel

Richtig

Falsch

Richtig und falsch
verschnalltes Martingal

von jungen Pferden, besonders auch bei der Ausbildung von Pferden in den Seitengängen; nicht
zuletzt bedürfen die Pferdebeine beim Springen
oder im Gelände dieses Schutzpolsters. Auch ein
Greifen der Hinterbeine in die Sehnen der Vorderbeine soll dadurch vermieden werden. Ein Unterstützen der Sehnen kann man durch die quer fixier-
ten Bandagen nicht erreichen. Als gut geeignet für
diesen Schutz haben sich Wollbandagen erwiesen;
sie sind allerdings doppelt so teuer wie die üblichen
elastischen Bandagen. Im Springsport werden vielfach Sehnenschoner angewandt, d.h. Gamaschen,
die zwar die Sehnen auf der Rückseite des Vorder-
beines schonen, das Fesselgelenk und die Röhre
jedoch freilassen, um beim Pferd das Gefühl für
das Touchieren der Hindernisstangen nicht zu be-

1 Ledergamasche mit Streichschutz (hinten).
2 Ledergamasche mit Streich- und Sehnenschutz (vorne).
3 Gummiglocke zum Schutz von Krone und Ballen zum Öffnen.
4 Gummiglocke geschlossen zum Überziehen.

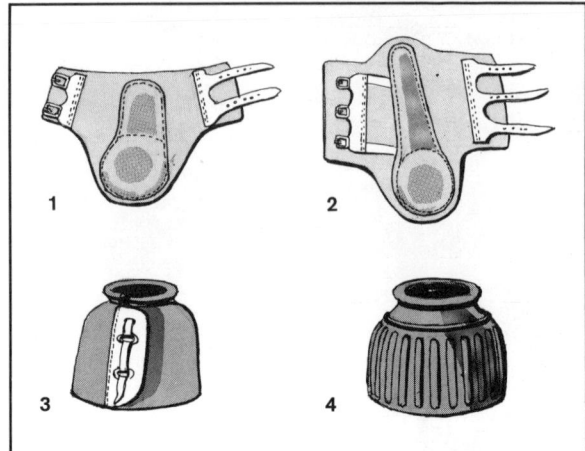

Korrektes Anlegen der Bandagen für die Arbeit

einträchtigen. Routiniers unter den Springpferden werden sonst nachlässig, wenn sie beim Schlagen an Hindernisteile keinen Schmerz empfinden. Bei festen Geländesprüngen hingegen schützt man die Pferdebeine vor jeder Verletzung. Speziellen Schutz benötigen Pferde, die sich streichen. Es gibt Streichgamaschen aus Leder, die über den Fesselkopf auf der Innenseite herunterreichen. Für den Transport werden extra stark wattierte Schutzgamaschen verwendet. Zusätzlich legt man einen Schweifschoner an, der ein Verscheuern der Schweifwurzel und der Schweifhaare an der Transporterrückwand verhindert.

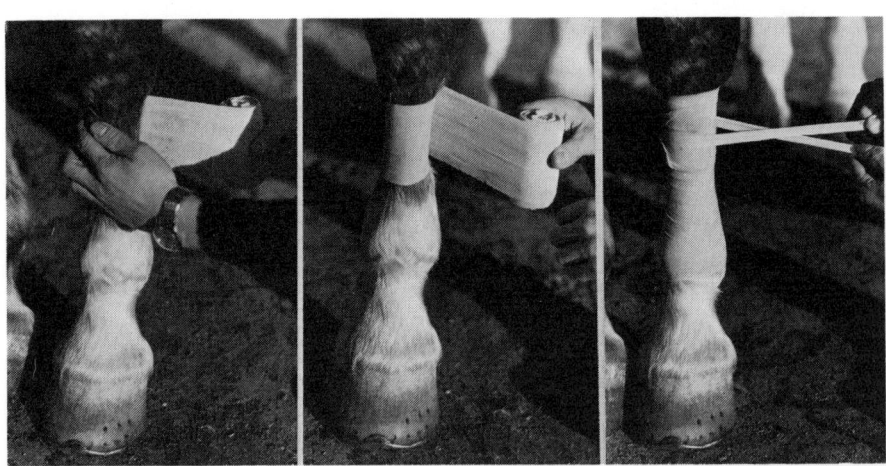

Ordnung in der Sattelkammer ist nicht Selbstzweck, sondern Mittel zu einem flüssigen Arbeitsablauf und Voraussetzung für eine Ausbildungsstätte.

Das Spektrum der Pferdedecken reicht von der Fliegenschutzdecke aus Netzgewebe bis zur doppelten Winterdecke, die eine wollene Innenseite und eine meist wasserabstoßende Leinenoberseite besitzt. Rechtzeitiges Eindecken der Pferde im Herbst verhindert das Wachsen des langen Winterhaares. Vor allem geschorene Pferde müssen beim Verbringen von und zur Arbeit sowie im Stall eingedeckt sein.

Die teure Anschaffung der Ausrüstung verlangt eine gewissenhafte und gründliche Pflege, um lange Nutzungsdauer zu sichern. Alle Lederteile, die von der Fleisch- wie von der Haarseite her gereinigt und gepflegt werden können, werden einmal im Monat mit flüssigem Paraffin eingelassen und wöchentlich etwa zwei- bis dreimal mit Sattelseife gereinigt und gepflegt. Sattelkissen und alle doppelt verarbeiteten Lederteile werden mit Sattelseife behandelt. Unterschiedlich sind die Sattelseifen nicht nur hinsichtlich ihrer Konsistenz, sondern auch in ihrer Wirkungsweise. Die weiche Dosenseife pflegt und konserviert ohne Glanz, die feste Stangenseife hingegen gibt neben Pflege und Konservierung noch Glanz auf der Haarseite des Leders. Dementsprechend wird man die eine oder andere Sorte anwenden. Metallteile wie Trensen, Kandaren, Bügel und Sporen werden mit Metallpflegepasten reingehalten und poliert. Es gilt nach wie vor das Sprichwort: »Kandare, Sporen, Bügel sind des Reiters Spiegel!«

Der Reitunterricht

Den Berufsreiter oder Bereiter erwartet ein Aufgabenbereich, dessen Erfüllung eine gründliche Ausbildung voraussetzt – das Lehrfach. Er unterrichtet Jugendliche wie Erwachsene und leitet sie späterhin auch bei der Ausübung ihres Sportes an. Die Ausbildung des Bereiters hierzu erschöpft sich nicht allein in der Praxis. Entscheidend sind Kenntnisse in der Pädagogik, in Didaktik und Methodik, in der Unterweisung von Arbeitsvorgängen und in der Korrektur von Fehlern. Korrektheit, Selbstdisziplin und Kontaktfreude sind dabei Voraussetzungen für den Unterrichtenden. Logik beim Aufbau des Unterrichts muß den Reitschülern das Erfassen des Gesamten erleichtern.

Anfänglich ist es oft erforderlich, vor allem den etwas schüchternen oder ängstlichen Reitkursteilnehmern die Scheu vor dem »großen Pferd« zu nehmen.

Beim Zusammenstellen der Unterrichtsgruppen muß auf den gleichen Leistungsstand von Reitern wie von Pferden geachtet werden. Das wichtigste für den Anfangsreiter sind zuverlässige, ruhige Pferde. Sie müssen in der Ausbildung ihren noch grünen Reitern voraus sein. »Einer von beiden, Pferd oder Reiter, müssen bereits reiterliche Erfahrung mitbringen« – das lehrt eine alte Erfahrung.

Die Stunde beginnt mit Lektionen, die Muskeln und Spannungen des Pferdes lösen. Dazu gehören: Leichttraben im Arbeitstrab, Arbeitsgalopp, große Volten und Schlangenlinien, Wendungen auf der Vorhand und selbst kleine Sprünge über Cavaletti und niedrige Hindernisse. Zu den versammelnden Lektionen in der Ausbildungsstufe einschließlich der Klasse L zählen die Tempoübergänge, die Paraden zur niedrigeren Gangart bzw. zum Halt, die korrekte 6-Schritt Volte, ein korrekt gerittener einfacher Galoppwechsel, die Wendung auf der Hinterhand, das Rückwärtsrichten, der versammelte Trab und Galopp und besonders der Außengalopp. Jede Lektion muß auf beiden Händen gleich geübt

Abteilungsreiten im Unterricht setzt voraus, daß Reitschüler und Pferde den gleichen Ausbildungsstand haben – besser: individuelles Reiten und Einzelkorrektur.

werden, um einer Einseitigkeit von Pferd und Reiter entgegenzuarbeiten. Nach jeder versammelnden Lektion muß erneut zu freiem Vorwärtsreiten angehalten werden, um Frische und Gehfreude der Pferde zu erhalten.

Jede neue Aufgabe oder Lektion, die geritten werden soll, muß vom Unterrichtenden in ihrer Ausführung klar erklärt werden. Bei den Hilfen ist zu erläutern, warum gerade diese Hilfen beim Pferd die gewünschte Reaktion hervorrufen. Nur bei vollkommenem Verstehen ist mit einer korrekten Befolgung und Ausführung zu rechnen. Die Kommandosprache darf nicht zu einem Kommandieren werden, muß jedoch deutlich und unmißverstehlich sein. Auch die Fehlerkorrektur erfolgt ohne jeden Eifer und ohne jede Schärfe. Sie wird unmittelbar nach der Fehlleistung erteilt, um dem Reiter zu helfen, seine Fehler zu erkennen und zu beseitigen. Es ist durchaus wichtig, nicht allgemein in der Gruppe zu korrigieren, sondern immer einzelne Reiter herauszugreifen und diese für Minuten eine entsprechende

Während der Springstunde sollen alle Schüler an der Arbeit und Korrektur des augenblicklich Übenden beteiligt werden.

Aufgabe üben zu lassen. Dies dauert an, bis sie korrekt, d.h. dem Ausbildungsstand von Reiter und Pferd entsprechend, ausgeführt wird. Der Überblick über den Rest der Gruppe darf dabei nicht verlorengehen. Sie erhält für die Zeit, da sich der Ausbilder mit einzelnen Schülern befaßt, eine Aufgabe gestellt, so daß es nicht zum müßigen Herumreiten kommt, z. B. einzelnes Angaloppieren auf dem zweiten Hufschlag, Wendungen, Paraden, etc. Jede Intensivarbeit in der Stunde ist durch ein abschließendes freies Vorwärtsreiten im Trab oder im Galopp abzuschließen.

Wichtig beim Unterricht ist der Erhalt der positiven Einstellung zur Sache. Der gute Ausbilder wird jedem der Kursteilnehmer, dem Geschicktesten und Erfolgreichsten der Abteilung wie dem noch wenig erfolgreichen oder wenig talentierten Anfangsreiter in jeder Stunde ein Erfolgserlebnis vermitteln. Das erhält die Freude am Sport und läßt den Reitschüler mit Begeisterung auf die nächste Reitstunde warten.

Viereck 20 x 40 m
mit Hufschlagfiguren

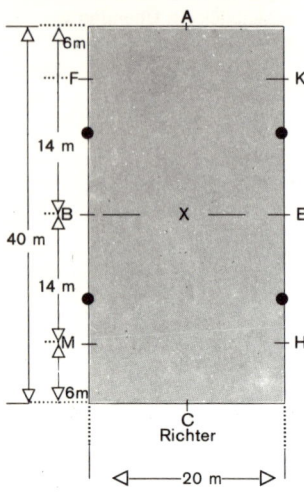

Das Viereck für *Dressur-prüfungen* hat normalerweise eine Größe von 20 mal 40 m. Die internationalen Aufgaben der F.E.I. – Prix St. Georges – Intermédiaire I und II – Grand Prix, Grand Prix Spécial – sowie die Vielseitig-keitsprüfungen der Klassen L bis S werden auf einem Viereck von 20 mal 60 m geritten.

Die **Hufschlagfiguren**

- Ganze Bahn – **CMBFAKEH** (rechte Hand)
- Halbe Bahn – **CMBXEH** (rechte Hand)
- Lange Seite – **MF** oder **KH** (rechte Hand)
- Kurze Seite – beiderseits **C** oder beiderseits **A**
- Mittellinie (Länge der Bahn) **CXA** oder **AXC**
- Wechsellinie, durch die ganze Bahn – **MXK** oder **FXH**
- Wechsellinie, durch die halbe Bahn – **ME** oder **FE** oder **KB** oder **HB**
- Mittelpunkt der Bahn – **X**
- Zirkel – er ist ein Kreis von 20 m Durchmesser. Die Zirkelpunkte, die der Reiter für die Dauer einer Pferdelänge berühren muß, liegen beim Reiten auf der rechten Hand bei **C,** auf der Mitte zwischen der Ecke nach **C** und **B** (10 m), bei **X** und auf der Mitte zwischen **E** und der Ecke vor **H** (10 m).
  Der zweite Zirkel liegt zwischen **A** und **X** sinnge-mäß.
- Aus dem Zirkel wechseln: nach Vollendung eines Zirkels durch den Punkt **X** auf den zweiten Zirkel.
- Durch den Zirkel wechseln: der Reiter wendet am Zirkelpunkt an der langen Seite in einem Kreisbogen von 10 m Durchmesser ab, durch-reitet den Mittelpunkt des Zirkels und kehrt auf einem Kreisbogen von 10 m Durchmesser auf die Zirkellinie zurück (immer von der offenen Seite zur geschlossenen Seite).

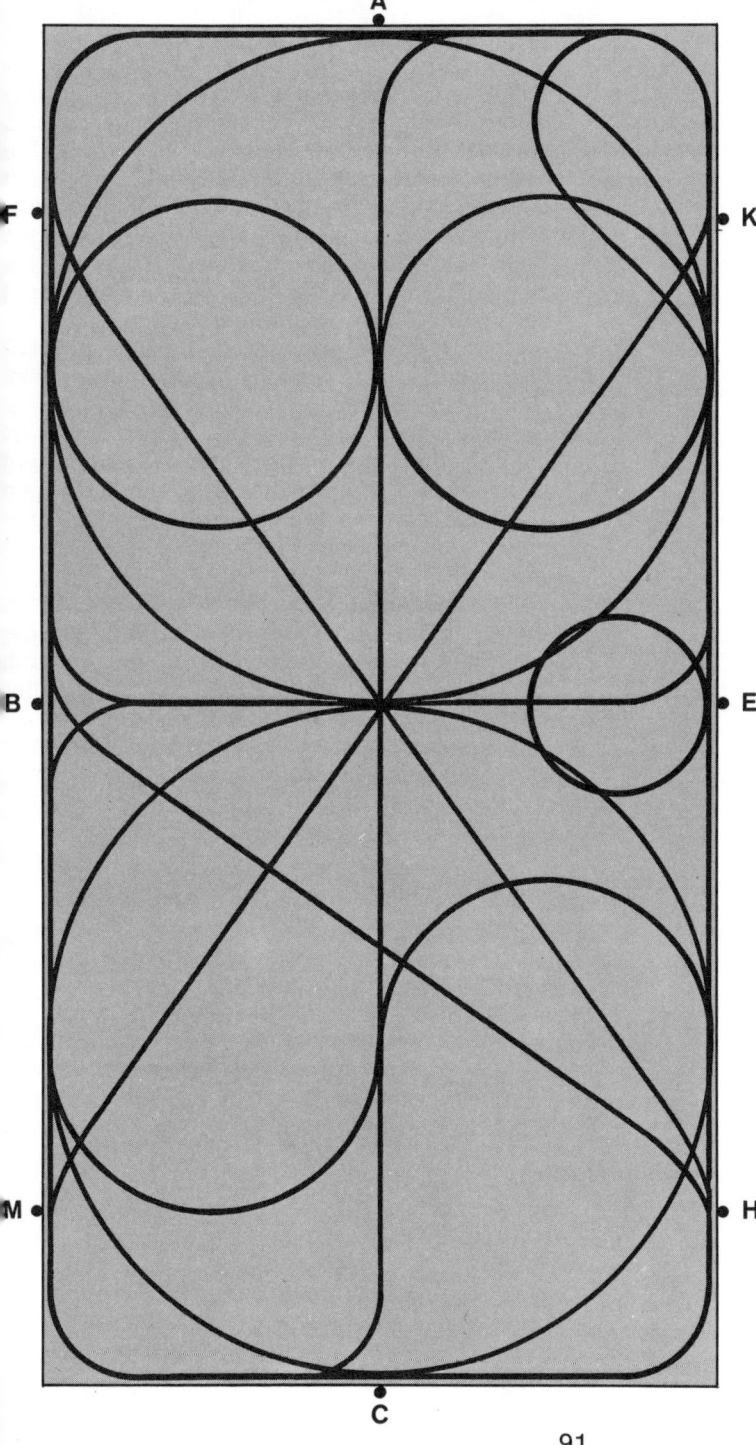

Schlangenlinien

- Einfache Schlangenlinie – sie ist eine gleichmäßig gebogene Linie entlang der Seite, die sich
maximal 6 m von der langen Seite entfernt. Sie
beginnt beim ersten Wechselpunkt und endet
beim folgenden Wechselpunkt der langen Seite.
- Doppelte Schlangenlinie – sie wird an der langen
Seite ausgeführt und entfernt sich zweimal bis
zu maximal 2 m von der langen Seite. Sie beginnt
am ersten Wechselpunkt der langen Seite, be-
rührt bei **B** bzw. **E** mit einer Pferdelänge den Hufschlag und endet beim folgenden Wechselpunkt.
Beide Bögen müssen gleichmäßig sein.
- Schlangenlinie durch die ganze Bahn – hier ist
die Zahl der Bögen vorgeschrieben. Bei z. B. fünf
Bögen muß der Reiter den Hufschlag der langen
Seite außer an den beiden Wechselpunkten dreimal, jeweils mit einer Pferdelänge, berühren.

- Volte – sie ist ein Kreis von 6 m Durchmesser.
- Aus der Ecke kehrt – dies ist eine Wendung, die
zur Hälfte wie eine Volte von 6 m geritten wird,
zur langen Seite gerade ausläuft und 2 m hinter
dem Wechselpunkt der langen Seite endet.
- Doppelvolte – eine Volte, die zweimal hinterein-
ander ausgeführt wird.

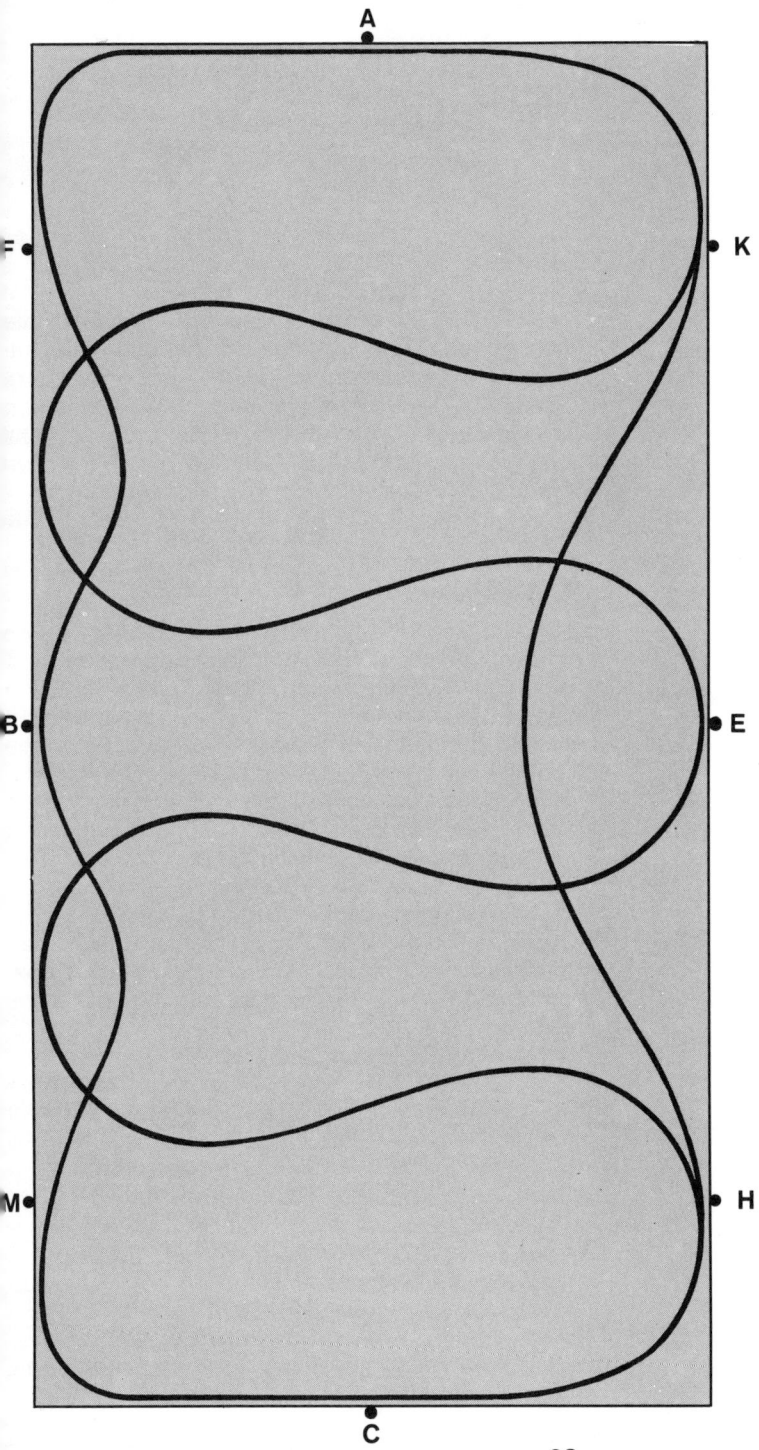

Wissen um Pferd und Pferdesport

Reitlehre

Die Reitlehre ist die theoretische Kenntnis um die Hilfengebung zur korrekten Ausführung der Lektionen bei Dressurprüfungen. Voraus gehen das Wissen über Aussehen, Haltung und Eigenschaften des gerittenen Pferdes sowie die Kenntnis des Ausbildungsweges. Dazu gehören die sechs Stufen und Anforderungen der Ausbildungsskala:

- Takt
- Losgelassenheit
- Anlehnung
- Schwung
- Geraderichten
- Versammlung.

Zum Dressurpferd gehört weiter: Unbedingter Gehorsam, gleichmäßige Ausbildung, Biegung und Stellung auf beiden Seiten. Das Ergebnis der Gymnastizierung und Ausbildung muß sich in einer freien Selbsthaltung in allen Gangarten zeigen. Die ruhige Kopfhaltung am aufgerichteten Hals muß von freiwilliger Mitarbeit zeugen. Sie darf nur durch eine leichte, aber sichere Zügelanlehnung erreicht und nicht durch starre Zügelhaltung erzwungen werden. Die Stirnlinie ist dabei etwas vor der Senkrechten, bei den versammelten Gangarten muß sich die Kruppe durch die Beugung der Hanke senken, das Pferd muß mehr relative Aufrichtung zeigen, wobei immer das Genick der höchste Punkt des Pferdes bleibt.

Von großer Bedeutung ist das Wissen über den Sitz des Reiters. Richtig ist der freie, natürliche Sitz in der Mitte des Sattels; der Reiter befindet sich im Gleichgewicht und geht dabei weich in die Bewegungen des Pferdes ein. Nur aus diesem geschlossenen, korrekten Sitz kann eine unabhängige Hilfengebung mit Kreuz, Schenkel und Hand gegeben werden. Die Hilfenstellung muß präzise, aber nicht von außen sichtbar sein. Sie soll ohne auffallende Bewegungen das Pferd veranlassen, die gewünschten Lektionen auszuführen und die vorgeschriebenen Wege einzuhalten. Schematisierte, kleine Reitlehre der wichtigsten Lektionen s. S. 95/96:

Lektion	Hilfenstellung	Ausführung
Das Halten	Anspannen des Kreuzes, leichtes Verwahren beider Unterschenkel, mehrere halbe Paraden (= ganze Parade) am Zügel, die das Pferd zum Stehen veranlassen.	Das Pferd tritt an den Zügel heran, stellt die Hinterbeine auf gleicher Höhe unter den Pferdeleib, alle 4 Beine sind gleichmäßig belastet. Haltung und Kopfstellung sind ruhig.
Der Schritt	Gleichmäßige Belastung beider Gesäßknochen mit anregenden, treibenden Unterschenkeln und leicht treibendem Kreuz.	Das Pferd schreitet im reinen Viertakt fleißig und raumgreifend vorwärts, bleibt gehorsam am Zügel, die treibenden Hilfen regeln die verschiedenen Schrittmaße und zwar: Mittelschritt, starker Schritt, versammelter Schritt.
Das Rückwärtsrichten	Fast nicht erkennbares Entlasten des Kreuzes, verwahrende Unterschenkel, um Seitwärtstreten zu verhindern. Leichtes Rückwärtswirken mit der Zügelhand. In den Dressurklassen A und L wird in der Regel eine Pferdelänge Rückwärtsrichten gefordert, das sind 3½ Tritte; in den Dressurklassen M und S wird in den Aufgaben eine bestimmte Anzahl von Tritten beim Rückwärtsrichten gefordert.	Das Pferd tritt ruhig und gleichmäßig sowie willig im Zweitakt bei diagonaler Fußfolge zurück. Fehler: Übereilen, Zurückkriechen hinter dem Zügel, Schleifen der Beine, über oder gegen den Zügel.
Der Trab	Bei gleichmäßig treibenden Hilfen wird durch Verstärken der Kreuzanspannung und des treibenden Unterschenkels sowie durch Nachgeben mit der Zügelfaust der Trab im gewünschten Tempo erreicht.	Der Trab in verschiedenen Tempi und zwar: Arbeitstrab, versammelter Trab, Mitteltrab und starker Trab. Tritte im Zweitakt mit gleichzeitigem diagonalen Auffußen und Schwebephase zwischen dem Wechsel der diagonalen Beinpaare.
Der Galopp	Belasten des inneren Gesäßknochens durch Strecken der inneren Hüfte. Zurücknehmen des verwahrenden äußeren Schenkels, deutliche Stellung mit der inneren Zügelfaust, die um eine halbe Faustbreite höher genommen wird. Treiben mit dem inneren Schenkel am Gurt. Diese Hilfengebung wirkt erneut bei jedem Galoppsprung ein. Fehler: Knick in der inneren Hüfte.	Das Pferd galoppiert regelmäßig und schwungvoll in deutlich wahrnehmbarem Dreitakt, vorwärts–aufwärts. Entsprechend den treibenden Hilfen werden auch hier Arbeitsgalopp, versammelter Galopp und starker Galopp unterschieden. Kriterium der Klasse L ist der Außengalopp. Er muß auf einem Hufschlag geritten werden; das Pferd ist dabei nach außen gestellt, die beim galoppierenden Pferd innere Hand, die sich auf der Außenseite der Bahn befindet, darf wiederum etwas steigen, um besonders in den Ecken die Stellung und das gleichmäßige Galoppieren zu erhalten.

Lektion	Hilfenstellung	Ausführung
Einfacher Galoppwechsel	Nach einer ganzen Parade, die sich aus mehreren halben Paraden zusammensetzt, wird das Pferd vom Galopp zum Schritt durchpariert. Nach 2 – 3 deutlichen Schritten wird das Pferd im Hals umgestellt, der Reiter verlegt das Gewicht auf den entgegengesetzten Gesäßknochen und nimmt den neuen äußeren Unterschenkel verwahrend zurück. Durch verstärktes Treiben wird das Pferd im Galopp auf der anderen Hand anspringen.	Pferd fällt vom Galopp direkt zum Schritt zurück, zeigt 2 – 3 deutliche Zwischenschritte und springt, ohne von der Geraden abgewichen oder mit der Hinterhand ausgefallen zu sein, im neuen Galopp ruhig und gleichmäßig an.
Wendung auf der Vorhand	Die Lektion wird am zweiten Hufschlag eingeleitet. Das Pferd wird entgegen der Bewegungsrichtung gestellt. Der äußere Schenkel regt die Hinterbeine zum Treten um das äußere Vorderbein an.	Bei dieser lösenden Lektion tritt das Pferd mit gleichmäßigen Tritten um das äußere Vorderbein und kommt wieder auf dem Hufschlag zu stehen. Die Zügelanlehnung ist dabei ruhig und gleichmäßig, das Pferd wird nach Erreichen des Hufschlages geradegestellt.
Wendung auf der Hinterhand	Das Pferd wird aus der höheren Gangart zum Halten durchpariert, wobei die untertretenden Beine wichtig sind. Das Pferd wird nach innen gestellt, der äußere Schenkel verwahrt, der innere Schenkel treibt; äußerer Zügel weist seitwärts, innerer Zügel stellt.	Das Pferd tritt nach vorne an und beschreibt mit tätiger, tretender Hinterhand um den inneren Hinterfuß einen sehr kleinen Halbkreis. Geringfügiges Vortreten ist kein Fehler, jegliches Zurücktreten jedoch ein starker Fehler.

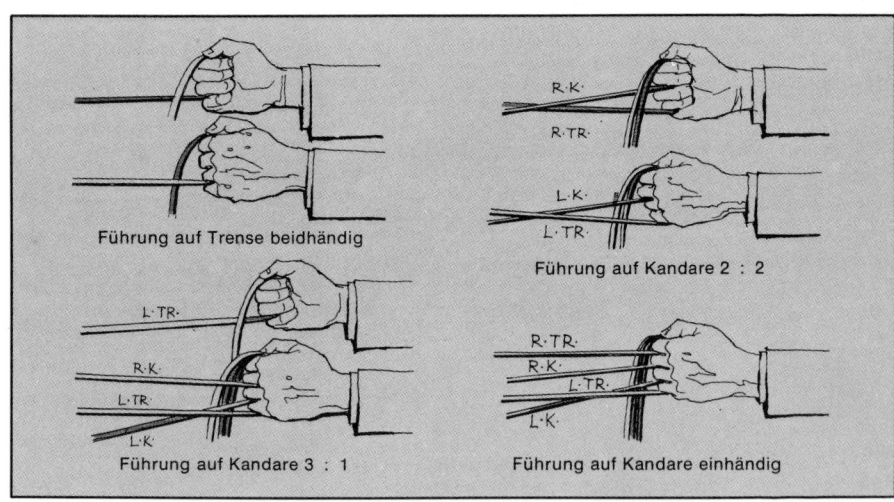

Führung auf Trense beidhändig

Führung auf Kandare 2 : 2

Führung auf Kandare 3 : 1

Führung auf Kandare einhändig

Die Reitlehre für den Springreiter und Vielseitigkeitsreiter umfaßt die theoretischen Hinweise über das Reiten der Wege im Parcours, das Anreiten der Hindernisse, das richtige Verhalten vor, über und nach den Sprüngen, gleichgültig, ob sie abwerfbar oder fest aufgebaut sind.

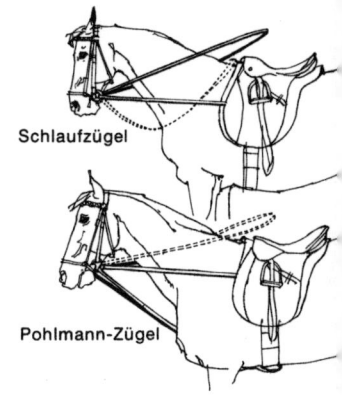

Schlaufzügel

Pohlmann-Zügel

Sportlehre

Die Sportlehre bringt mannigfache Hilfen für die Unterrichtung von Jugendlichen und Erwachsenen. Die Didaktik (= Wissenschaft vom Lehren und Lernen) – ist ein Teilgebiet der Erziehungswissenschaft. Die Sportdidaktik ist ein Gebiet der Sportpädagogik. Die Didaktik befaßt sich mit dem Stoff, der gelehrt werden soll, welches Ziel mit dem Gelehrten erreicht werden muß.
Gleiche Bedeutung kommt der Methodik in der Sportausbildung zu. Sie beinhaltet das planmäßige Lehrverfahren. Die Methodik ist das Wie, die Art, wie der Weg gewiesen und begangen werden muß, um dem Ziele nahe zu kommen. Beim sogenann-

»Haltung und Leistung, Konstitution und Gestaltwandel«
(Deutsches Gesundheitsmuseum, Köln)

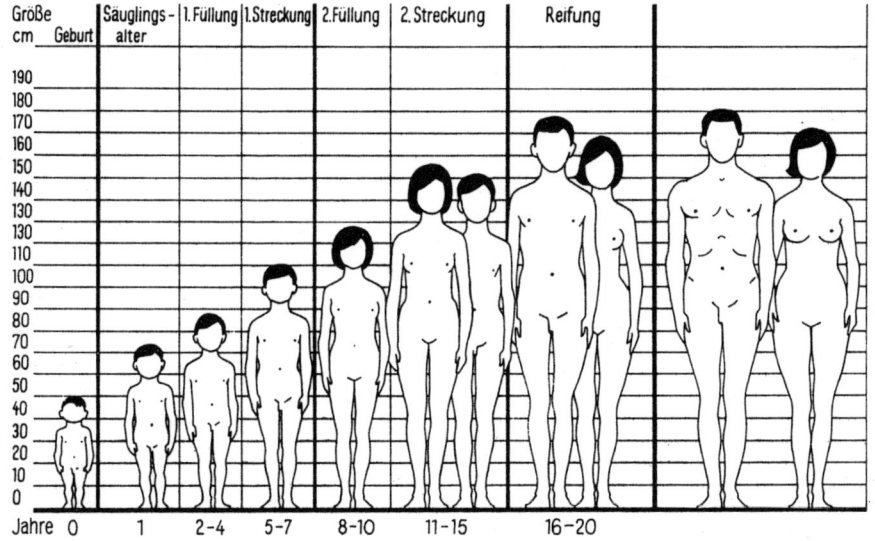

ten motorischen Lernen bemüht sich der Unterrichtende, den Lernvoraussetzungen und der Lernfähigkeit der ihm Anvertrauten Rechnung zu tragen.

Er muß den Lernvorgang, das Maß der Aufgaben hinsichtlich Zeit, Anforderung und Schwierigkeit, den Schülern anpassen. Bei der Methodik des Übens ist es unabdingbar, die auftretenden Fehler zu korrigieren. Das Üben selbst ist in eine Technik- und eine Konditionsschulung aufgeteilt. Entsprechend untergliedert sich die Korrektur von Fehlern. Am Beginn steht das Erkennen der Fehler. Es folgt das richtige Korrigieren und das Wiederholen der Übung mit der richtigen Technik.

Der gute Ausbilder erkennt und korrigiert die Fehler in ihrem Entstehen. Sie verflechten sich sonst derart mit einer Übung, daß ihr Beseitigen länger dauert als das neue Erlernen der gleichen Lektion oder Bewegungsübung.

Der Aufbau des Reitunterrichts, der Schulung der Technik und der Kondition darf nie zu einer Routineübung erstarren. Anlagen, Fähigkeiten und Fertigkeiten der am Unterricht Teilnehmenden beeinflussen progressiv den weiteren Aufbau.

Das Training umfaßt dabei die Bewegungsschnelligkeit, die Kraft und die Ausdauer. Die drei Kriterien werden wiederum in unterschiedliche Stadien eingeteilt und zwar das Grundlagentraining, das Aufbautraining und das Training für den Hochleistungssport. Einen geregelten Aufbau für ein ganzes Jahr aufzuzeichnen, ist im Reitsport – jedenfalls im Dressur- und Springsport – durch die Hallenveranstaltungen nicht mehr möglich. Für den Vielseitigkeitsreiter ist sie nach wie vor existent, da von etwa Mai bis Oktober die Wettkampfsaison währt. Für ihn beginnt im Januar, Februar, März die Vorbereitungsperiode. Nach dem eigentlichen Zeitraum, der mit Wettkämpfen angefüllt ist, beginnt im Oktober, November, Dezember ein Rücktraining von Pferd und Reiter.

Die Sportlehre verlangt auch Kenntnisse über die physische und psychische Entwicklung des Menschen. Davon sind Leistung, Konstitution und damit sportlicher Einsatz weitgehend abhängig.

Nur unter Berücksichtigung dieser Stufen kann die Jugendarbeit ein bedeutsamer Faktor im Erziehungsbereich sein. Der Reitwart oder Pferdewirt mit Schwerpunkt Reiten – Bereiter – muß sich bei all seiner Arbeit während der Ausbildung von Jugendlichen und Erwachsenen darüber klar sein, daß er nicht nur Trainingsprogramm, Regeln der Leistungsprüfungsordnung, Lektionen der Dressuraufgaben, Hinweise beim Springtraining und Training bei der Vielseitigkeitsausbildung vermittelt, sondern daß er gleichermaßen an junge Menschen herantritt und auf ihre Entwicklung Einfluß nimmt. Er übernimmt damit ein reiches Maß an Verantwortung gegenüber Mensch und Pferd – ein Aufgabengebiet, das den Bereiter immer wieder sich selbst gegenüber verpflichtet, eigene Schwächen und Unzulänglichkeiten zu bekämpfen und soweit wie möglich zu beseitigen. Er dient seinen Reitschülern als Vorbild in fachlicher wie in menschlicher Hinsicht.

Sportrecht

Das Sportrecht zerfällt in zwei Gruppen: das allgemeine Sportrecht, das für alle Sportarten gilt, und das besondere Sportrecht, das spezifisch auf die einzelnen Disziplinen zugeschnitten ist.
Das allgemeine Sportrecht beschäftigt sich mit den Grundrechten im Sport und dem Vereinsrecht allgemein, den Berührungspunkten des Staates mit dem Sport.
Das besondere Sportrecht bringt die Reglements, Schiedsgerichtsbestimmungen für die spezielle Sportart mit ihren unterteilten Disziplinen.
Sport ist ein Bereich des Lebens, bei dem viele Menschen zusammenkommen. Ohne Rechtsgrundlage ist jedoch keine erfreuliche Gemeinschaft möglich. Zuvorderst gelten für jeden, der sich im Sport bewegt, die Grundrechte des Menschen, genauso natürlich das Zivilrecht und das Strafrecht. Alles, was außerhalb des Bereichs Sport erlaubt und verboten ist, gilt auch für den Sport. Ein eigenes, zusätzliches Recht schafft sich jeder Verein und jeder Verband mit seiner Satzung, Geschäftsordnung und Finanzordnung. Der nicht rechtsfähige Verein ist in der Regel nur die Vorstufe des rechtsfähigen Vereines. Beim nicht rechtsfähigen, d.h. nicht eingetragenen Verein haftet jedes Mitglied für ein Geschäft, das ein anderes Mitglied für den Verein abschließt, mit seinem privaten Vermögen.

Ein Richtverfahren nach freiem Ermessen, wie es die Leistungsprüfungsordnung für Dressurprüfungen beispielsweise vorsieht,
erfordert von Richter und Reiter gleichermaßen Sachkenntnis,
Fairneß und Sportlichkeit.

Der nicht eingetragene Verein ist bereits aufgelöst, wenn eines der Mitglieder, die diesen Verein ausmachen, von ihm austritt.
Mit der Eintragung eines Vereines beim Registergericht wird dieser rechtsfähig. Erforderlich ist dazu die Anmeldung beim Amtsgericht; Satzung, Protokoll über Gründung des Vereins und Bestellung der Vorstandsmitglieder müssen vorgelegt und ins Vereinsregister eingetragen werden.
Die Mindestzahl an Mitgliedern für einen eingetragenen Verein sind 7 Personen. Der Vollzug der Eintragung des Vereins wird im Amtsblatt veröffentlicht.
Die Satzung muß den Zweck, den Vereinsnamen und den Sitz enthalten, des weiteren sollen Ein- und Austritt, die Beiträge, die Bildung des Vorstandes, die Mitgliederversammlung und die Beurkundung der Beschlüsse geregelt sein. Beim eingetragenen Verein vertritt der gewählte Vorstand den Verein in allen Rechtsgeschäften. Die Haftung beschränkt sich bei diesem Verein auf das Vereinsvermögen. Vorstand und Mitglieder sind von der Haftung befreit, sofern nicht Zivil- oder Strafrecht sie dabei heranziehen können. Eine Haftpflichtversicherung ist im Regelfall mit der Sportunfallversicherung bei Mitgliedern, die den Dachverbänden angeschlossen sind, verbunden.
Für strafrechtliche Haftung gibt es jedoch keinerlei Art von Versicherung.

Das besondere Recht für den Reitsport ist in der Leistungsprüfungsordnung (LPO) der Deutschen Reiterlichen Vereinigung e. V., Hauptverband für Zucht und Prüfung deutscher Pferde (FN - Fédération Equestre Nationale), geregelt. Diese Leistungsprüfungsordnung regelt den gesamten Wettkampfbereich auf nationaler Basis im Reitsport. Auf internationaler Ebene tritt das Reglement der FEI - Fédération Equestre Internationale – in Kraft. Die Leistungsprüfungsordnung teilt sich in drei Hauptabschnitte:

Abschnitt A beinhaltet die Grundbestimmungen mit Voraussetzungen für die Beteiligung im Leistungssport, für die Durchführung von Wettbewerben, für Ausrüstung, Teilnahmeberechtigung und Einteilung der Wettbewerbe in die einzelnen Disziplinen.

Teil B ist auf die einzelnen Prüfungsarten und Prüfungen spezialisiert.
Teil C stellt eine Rechtsordnung dar, die für eine korrekte Durchführung des ganzen Wettkampfbetriebes Gewähr leistet. Die Leistungsprüfungsordnung ist das Brevier für den Turnierreiter. Ohne ihrer genauen Kenntnis soll er nicht auf dem Wettkampfplatz erscheinen.

Die wichtigsten Gebißformen gemäß LPO

1 Wassertrense mit einmal gebrochenem runden Gebiß aus Metall
2 Olivenkopftrense mit einmal gebrochenem runden Gebiß aus Metall
3 Renntrense mit einmal gebrochenem runden Gebiß aus Metall
4 Knebeltrense mit einfachem, einmal gebrochenem runden Gebiß
5 Einfaches ungebrochenes Gummigebiß
6 Löffeltrense mit einfachem gebrochenen runden Gebiß
7 Kandare mit dicker Unterlegtrense, Kandarenzüge maximal 7 cm lang
8 Springkandare mit einfachem ungebrochenen runden Gebiß (mit Zungenfreiheit) aus Metall oder Gummi, Anzüge maximal 7 cm lang
9 Pelham-Kandare mit einfachem, einmal gebrochenem runden Gebiß aus Metall oder Gummi, Anzüge maximal 7 cm lang
10 Pelham-Kandare mit einfachem ungebrochenen runden Gebiß aus Metall oder Gummi, Anzüge maximal 7 cm lang
11 Mechanisches Hackamore (auch mit breitem Nasenband und Schutzumhüllung statthaft)

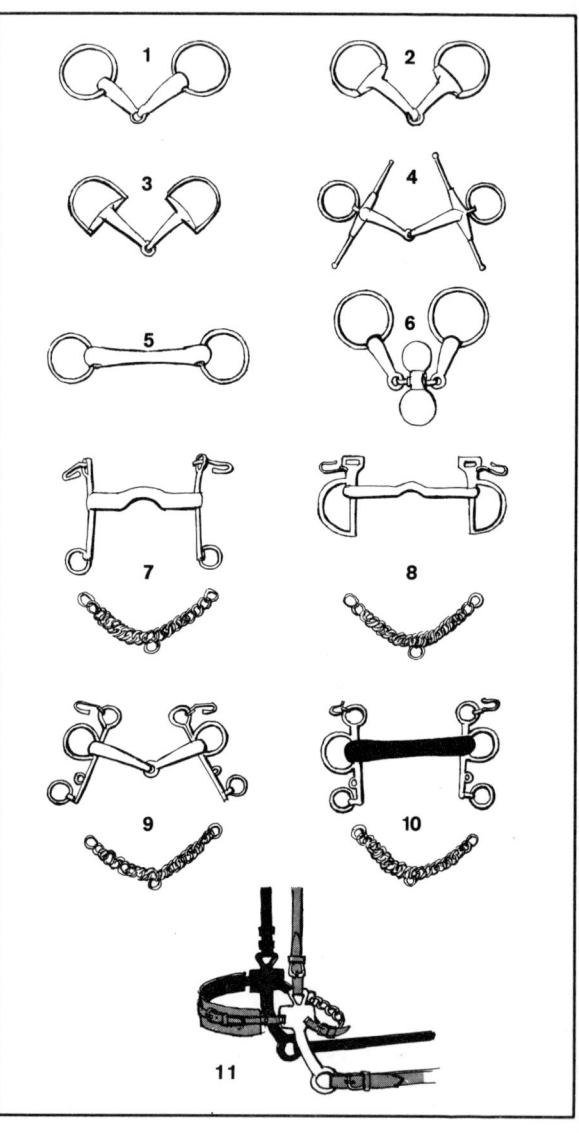

Das Verhalten im öffentlichen Straßenverkehr und in freier Natur

Für den Einzelreiter wie für die Reitabteilung gelten, genauso wie für jeden anderen Verkehrsteilnehmer, die Bestimmungen der Straßenverkehrsordnung. Beide, Einzelreiter wie Abteilung, können ein nicht unbedeutendes Verkehrshindernis sein. Eine Abteilung soll sich in ganz dichtem Verband vorwärtsbewegen und die rechte Seite der Straße benutzen. Bei Nacht ist eine Beleuchtung auf der linken Seite des ersten und letzten Reiters der Gruppe vorgeschrieben (vorne: weiß, hinten: rot).

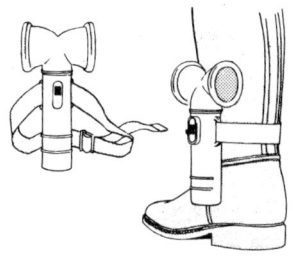

Sicherheitslampe
für den Stiefelschaft

Vordere Leuchte: gelb
Rückwärtige Leuchte: rot

Dafür konstruierte Lampen, die am linken Stiefelschaft befestigt werden, schaffen erhöhte Sicherheit. Beim Überqueren von Straßen und Kreuzungen ist es erforderlich, daß die geschlossene Abteilung diese gleichzeitig überquert. Der Herdendrang kann sonst ein zurückgehaltenes Pferd gerade im unpassenden Augenblick auf die Asphaltdecke treiben. Das ist für den anderen Verkehrsteilnehmer genauso wie für den Reiter und das Pferd eine lebensbedrohende Gefahr.
Im übrigen hat sich jeder Reiter im öffentlichen Straßenverkehr wie alle anderen Verkehrsteilnehmer zu verhalten, d.h. daß kein anderer mehr als unbedingt nötig belästigt, behindert oder gar gefährdet oder geschädigt wird.
Ein in den vergangenen Jahren heiß diskutiertes Thema ist das Reiten in freier Natur.
Das Bundeswaldgesetz (Gesetz zur Erhaltung des Waldes und zur Förderung der Forstwirtschaft vom 2. 5. 75) betraut die Länder mit den Aufgaben der Erholungsfunktionen (§ 13). In ähnlicher Weise verfährt das Bundesnaturschutzgesetz (Gesetz über Naturschutz und Landschaftspflege vom 3. 6. 76). Die Ländergesetze tendieren überwiegend zur Auffassung, daß das Reiten unbeschadet der straßenverkehrs- und wegerechtlichen Vorschriften nur auf solchen Privatwegen und Flächen in der freien Natur zulässig ist, die eigens für das Reiten freigegeben wurden. Hier beginnt also das persönliche Wirken der Reiter und Vereine.
Ein gutes Verhältnis zu Landwirten und Grundeigentümern schafft (trotz engem Gitter) oft großzügige Freiheiten und Benutzungsmöglichkeiten in Wald, Öd- und Umland.

50 Fragen aus dem Lehrstoff

(für die Abschlußprüfung des Pferdewirtes –
Schwerpunkt Reiten)

Reitlehre – Longieren – Voltigieren

1. Nenne die Merkmale des korrekt ausgebildeten Reitpferdes entsprechend der Ausbildungsskala und definiere sie!
2. Welche Takte und welche Fußfolge haben die drei Grundgangarten beim Pferd?
3. Erkläre den Aufbau einer Reitstunde!
4. Welche Lektionen gehören zum lösenden Teil der Reitstunde?
5. Welche Hilfen gibt es, wie werden sie angewandt?
6. Erkläre die Hilfengebung zum Angaloppieren, Rückwärtsrichten, dem inneren Schenkel weichen, zur Wendung auf der Hinterhand!
7. Wie vollzieht sich Stufenausbildung und Training einer Remonte bis zum Vielseitigkeitspferd der Klasse L?
8. Skizziere den Aufbau eines Springparcours mit Hinderniszahl, Abmessungen, Längen und Zeiten.
9. Warum wird ein Pferd longiert? Wie erfolgt die richtige Ausführung?
10. Nenne die 6 Pflichtübungen beim Voltigieren und beschreibe ihre Ausführungen! Wie gestaltet sich ein Voltigierwettbewerb?

Pferdehaltung

11. Welchen Raumbedarf hat man für ein Reitpferd bei Boxenhaltung? Welchen Zusatzraum benötigt man für Stallgasse, Futter- und Strohbergeraum?
12. Wie ist die Boxe eines Reitpferdes optimal ausgestattet (auch Material und Maße)?
13. Ist die Selbsttränke im Pferdestall die beste Wasserversorgung?
14. Wie hoch ist der stündliche Bedarf an Frischluft für ein mittleres Reitpferd?

Wie hoch sind die stündlich abgegebenen Mengen an Wärme und Wasser(dampf)?

15. Welche Grünlandfläche benötigt man je Pferd (ca. 500 kg Lebendgewicht) bei Koppelhaltung und Gewinnung des gesamten Rauhfutterbedarfes für ein Jahr?

16. Welche Nährstoffe sind bei der Pferdefütterung von Bedeutung?

17. Wie berechnet man beim Pferd den Nährstoffbedarf und dessen Deckung bei verschiedenen Leistungsanforderungen?

18. Wie ist das Größenverhältnis von Magen und Blinddarm beim Pferd?
Welche Erkenntnisse lassen sich daraus für die praktische Fütterung ableiten?

19. Schildere die tägliche Pflege eines Reitpferdes!
Welchen Einfluß auf Wohlbefinden und Gesundheit hat die Pflege?

20. Entwirf einen Tages-Arbeitsplan eines Pferdepflegers für die größtmögliche Zahl von Reitpferden bei Boxenhaltung.
(Zahl der Pferde je Arbeitskraft bei einer 42-Stunden-Woche.)

Veterinärkunde

21. Welche Normwerte hat ein ausgewachsenes Warmblutpferd in Ruhe:
Puls –   ?
Atmung –   ?
Temperatur – ?

22. Wie behandelt man kleinere, offene Wunden?

23. Was ist ein Hufspalt, was ist ein Windriß?

24. Wie sieht ein korrekter Hufbeschlag für ein Reitpferd aus?
In welchem Zeitabstand muß er erneuert werden? Warum?

25. Die Kolik, ihre Anzeichen, Sofortmaßnahmen und weitere Hilfe.

26. Welche Impfungen gehören als Präventivmaßnahme in jede Pferdehaltung?

27. Was sind Gewährsfehler? Wie erkennt man sie? Welche Fristen und Maßnahmen sind beim Pferdekauf dabei zu beachten?

Exterieurbeurteilung

28. *Welche Bedeutung hat die Wirbelsäule beim Pferd? Wie wird sie eingeteilt?*
29. *Beschreibe die Knochen und Gelenke der Vorder- und Hintergliedmaßen, erkläre den Einfluß ihrer Längenverhältnisse und Winkelbildung auf die Eignung als Reitpferd!*
30. *Was sind Reitpferdepoints?*
31. *Welches Zuchtziel erstreben alle deutschen Warmblutzuchtgebiete? Nenne die Charakteristika dieses Zuchtzieles.*
32. *Was geben Stockmaß, Bandmaß, Umschlag (Gurtmaß) und Röhrbeinstärke an? Nenne Normmaße des modernen Zuchtzieles!*
33. *Welchen Einfluß haben Widerrist und Schulter auf die Reitpferdeeignung?*
34. *Nenne die wichtigsten Stellungsfehler und ihre Auswirkungen!*
35. *Welche Pferdeschläge und welche Rassen innerhalb der einzelnen Schläge kennst Du?*

Organisation des Reitsportes

36. *Wie heißt die Weltdachorganisation des Reitsportes? Was sind ihre Aufgaben?*
37. *Nenne die drei Abteilungen der Deutschen Reiterlichen Vereinigung (FN) sowie weitere der FN angeschlossene Institutionen und ihre Aufgabenbereiche!*
38. *Wie heißt das nationale Reglement des Reitsportes, in welche Teile ist es gegliedert?*
39. *Wie heißt das internationale Regelbuch des Reitsportes, wer erläßt es, in welchem Zeitraum werden gewöhnlich Neuerungen vorgenommen?*
40. *Was sind die organisatorischen Voraussetzungen für Reiter und Pferd zu einer Turnierteilnahme in den verschiedenen Kategorien?*

Berufsständisches Wissen

41. *Welche gesetzlichen Grundlagen regeln die Ausbildung zum Pferdewirt?*
42. *Welcher Vertrag ist die Rechtsgrundlage für den Abschluß eines Berufsausbildungsverhältnisses?*
    Welche Vereinbarungen müssen darin schriftlich festgehalten sein?
43. *Welche zusätzlichen Arbeitspapiere benötigt jeder Auszubildende?*
44. *Welche Staatsform hat die Bundesrepublik Deutschland?*
    Welches sind die Merkmale dieser Staatsform?
45. *Was sind Grundrechte?*
    Nenne zehn Grundrechte!
    Wo sind die Grundrechte festgehalten?

Sportliches Wissen

46. *Was meinen die Begriffe Didaktik und Methodik?*
47. *Worin liegt die Bedeutung frühzeitiger Fehlerkorrektur?*
48. *Welche Rolle spielt der Lernerfolg bei der Ausbildung?*
49. *Welche Trainingsarten kennen wir im Sport?*
    Wovon hängt eine trainingsbedingte Leistungssteigerung ab?
50. *Welche Rechtslage nimmt der eingetragene Sportverein ein?*
    Welches sind die Voraussetzungen für eine Eintragung?
    Wo und nach welchem Gesetz erfolgt diese?

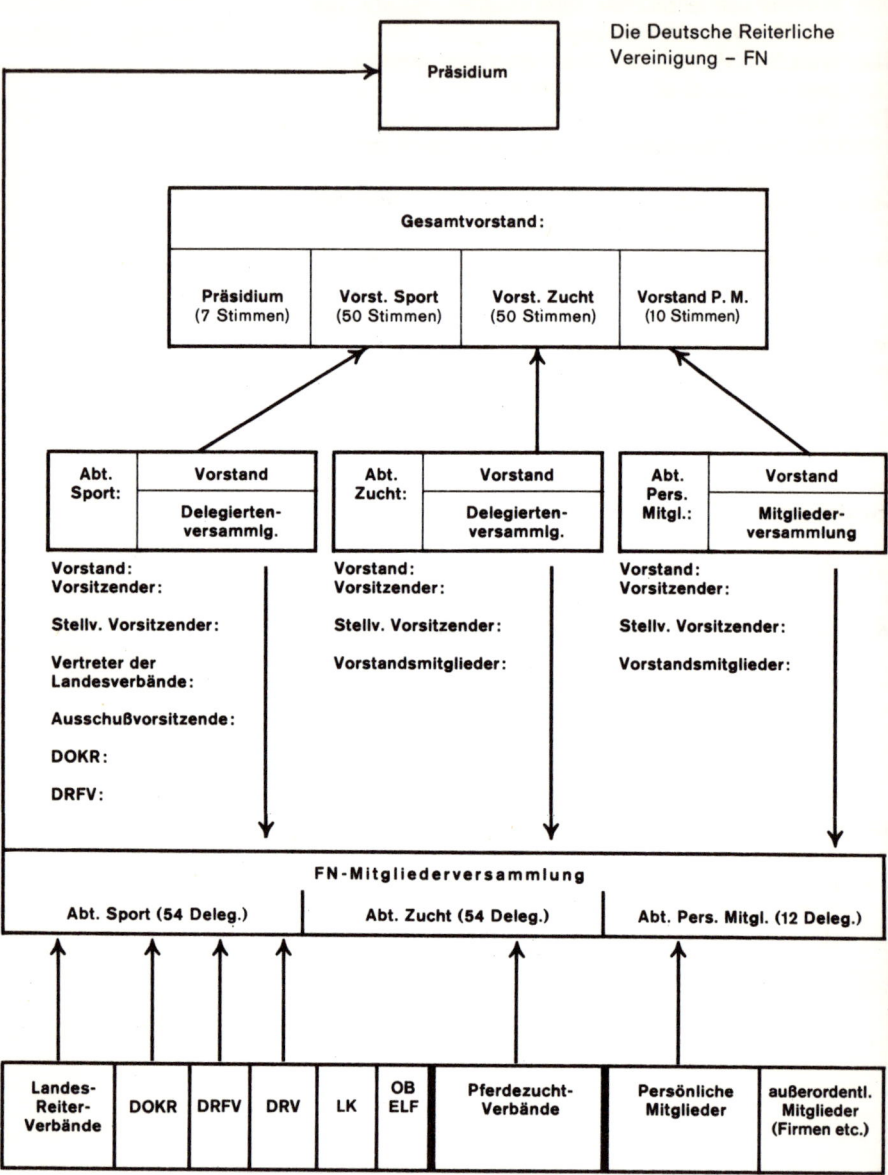

Die Weltdachorganisation des Reitsports ist die FEI = Fédération Equestre Internationale (Sitz in Brüssel)

Die Deutsche Reiterliche
Vereinigung – FN

Präsidium

Gesamtvorstand:

Präsidium (7 Stimmen)	Vorst. Sport (50 Stimmen)	Vorst. Zucht (50 Stimmen)	Vorstand P. M. (10 Stimmen)

Abt. Sport:	Vorstand / Delegierten-versammlg.	Abt. Zucht:	Vorstand / Delegierten-versammlg.	Abt. Pers. Mitgl.:	Vorstand / Mitglieder-versammlung

Vorstand:
Vorsitzender:

Stellv. Vorsitzender:

Vertreter der
Landesverbände:

Ausschußvorsitzende:

DOKR:

DRFV:

Vorstand:
Vorsitzender:

Stellv. Vorsitzender:

Vorstandsmitglieder:

Vorstand:
Vorsitzender:

Stellv. Vorsitzender:

Vorstandsmitglieder:

FN-Mitgliederversammlung

Abt. Sport (54 Deleg.)	Abt. Zucht (54 Deleg.)	Abt. Pers. Mitgl. (12 Deleg.)

Landes-Reiter-Verbände	DOKR	DRFV	DRV	LK	OB ELF	Pferdezucht-Verbände	Persönliche Mitglieder	außerordentl. Mitglieder (Firmen etc.)

Abkürzungen:
DOKR – Deutsches Olympiade-Komitee für Reiterei e.V.
DRFV – Deutscher Reiter- und Fahrer-Verband e.V.
DRV – Deutsche Richtervereinigung
LK – Landeskommissionen für Pferdeleistungsprüfungen
OBELF – Oberste Behörden für Ernährung, Landwirtschaft und Forsten

Anhang

Die Ausbildung in den Berufen des Pferdesportes und der Pferdezucht war über Jahrzehnte durch die Dachverbände von Zucht und Sport z. T. durch Landesgesetze geordnet. Das Berufsbildungsgesetz (BBiG) vom 14. August 1969 (Quelle: Bundesgesetzblatt, Teil I, S. 1112) fordert für alle Ausbildungsberufe eine bundeseinheitliche Regelung und Anerkennung. Das BBiG ist die allgemein rechtliche Grundlage für jegliche Berufsausbildung, auch für den Pferdewirt. Auf einen Abdruck dieses Gesetzes wurde in diesem Rahmen verzichtet, da es in verschiedenen kleinen Broschüren erhältlich ist. Die spezielle Ausbildung zum Pferdewirt mit den vier Schwerpunkten Pferdezucht und -haltung, Reiten, Rennreiten sowie Trabrennfahren regelt die nachstehende Verordnung (Quelle: Bundesgesetzblatt, Teil I, S. 2719).

Verordnung
über die Berufsausbildung zum Pferdewirt

Vom 1. November 1975

Auf Grund des § 25 Abs. 1 des Berufsbildungsgesetzes vom 14. August 1969 (Bundesgesetzbl. I S. 1112), zuletzt geändert durch § 11 des Strafrechtsreform-Ergänzungsgesetzes vom 28. August 1975 (Bundesgesetzbl. I S. 2289), wird im Einvernehmen mit dem Bundesminister für Bildung und Wissenschaft verordnet:

§ 1

Staatliche Anerkennung des Ausbildungsberufes

Der Ausbildungsberuf Pferdewirt wird staatlich anerkannt.

§ 2

Ausbildungsdauer

Die Ausbildung dauert drei Jahre. Sie dauert zwei Jahre, wenn der Auszubildende

, eine Abschlußprüfung in einem anderen Ausbildungsberuf bestanden hat oder

, den erfolgreichen Besuch der zehnten Klasse einer weiterführenden Schule oder einen gleichwertigen Bildungsabschluß nachweist.

§ 3

Ausbildungsberufsbild

Gegenstand der Berufsausbildung sind mindestens die folgenden Fertigkeiten und Kenntnisse:

1. Versorgen, Pflegen, Führen und Transportieren von Pferden,

2. Körperbau, Lebensvorgänge und Verhalten der Pferde,

3. Tiergesundheit und Tierhygiene,

4. Bewegen und Arbeiten von Pferden,

5. Fortpflanzung, Züchtung, Vererbung und Rassenkunde,

6. Futtermittel, ihre Gewinnung, Beschaffung und Verwendung,

7. Formen der Pferdehaltung sowie bauliche und technische Einrichtungen,

8. Einsetzen, Pflegen und Instandhalten von Maschinen, Geräten, Ausrüstung und Zubehör,

9. Kenntnisse der betrieblichen Zusammenhänge in der Ausbildungsstätte,

10. Kenntnisse der einschlägigen Rechtskunde,

11. Kenntnisse der Wirtschafts- und Sozialkunde,

12. Arbeitsschutz und Unfallverhütung,

13. Umweltschutz.

§ 4

Ausbildungsrahmenplan

Die Fertigkeiten und Kenntnisse nach § 3 sollen unter Berücksichtigung der vier Schwerpunkte Pferdezucht und -haltung, Reiten, Rennreiten sowie Trabrennfahren nach der in der Anlage enthaltenen Anleitung zur sachlichen und zeitlichen Gliederung der Berufsausbildung (Ausbildungsrahmenplan) vermittelt werden. Eine vom Ausbildungsrahmenplan abweichende sachliche und zeitliche Gliederung des

Ausbildungsinhaltes ist insbesondere zulässig, soweit eine berufsfeldbezogene Grundbildung vorausgegangen ist oder betriebspraktische Besonderheiten die Abweichung erfordern.

§ 5
Berufsausbildung außerhalb der Ausbildungsstätte

Soweit die erforderlichen Fertigkeiten und Kenntnisse nicht in vollem Umfang in der Ausbildungsstätte vermittelt werden können, wird die zusätzlich zu vermittelnde Berufsausbildung in geeigneten Einrichtungen außerhalb der Ausbildungsstätte durchgeführt.

§ 6
Ausbildungsplan

Der Ausbildende hat unter Zugrundelegung des Ausbildungsrahmenplanes für den Auszubildenden einen Ausbildungsplan zu erstellen.

§ 7
Führung des Berichtsheftes

Der Auszubildende hat ein Berichtsheft in Form eines Ausbildungsnachweises zu führen. Ihm ist Gelegenheit zu geben, das Berichtsheft während der Ausbildungszeit zu führen. Der Ausbildende hat das Berichtsheft regelmäßig durchzusehen.

§ 8
Zwischenprüfung

(1) Es ist eine Zwischenprüfung durchzuführen. Sie soll nach dem ersten Ausbildungsjahr stattfinden.

(2) Die Zwischenprüfung erstreckt sich auf die in der Anlage zu § 4 für das erste Ausbildungsjahr aufgeführten Fertigkeiten und Kenntnisse sowie auf den im Berufsschulunterricht entsprechend den Rahmenlehrplänen zu vermittelnden Lehrstoff, soweit dieser für die Berufsausbildung wesentlich ist. Die nach der Anlage zu § 4 während der gesamten Ausbildungsdauer zu vermittelnden Fertigkeiten und Kenntnisse sind nur insoweit Gegenstand der Zwischenprüfung, als sie mit den für das erste Ausbildungsjahr aufgeführten Fertigkeiten und Kenntnissen zusammenhängen.

(3) Zum Nachweis der Fertigkeiten soll der Prüfling in insgesamt bis zu zwei Stunden zwei Arbeitsproben durchführen. Für die Auswahl der Arbeitsproben kommen insbesondere folgende Gebiete in Betracht:
1. Füttern, Tränken, Pflegen, Führen und Vorstellen von Pferden,
2. Feststellen der Merkmale des gesunden Tieres,
3. Bewegen von Pferden, Reiten und Fahren,
4. Reinigen und Pflegen sowie Anlegen und Anpassen von Zaum, Sattel, Geschirr und Zubehör.

(4) Der Prüfling soll Kenntnisse insbesondere aus folgenden Gebieten nachweisen:
1. Kenntnisse des Körperbaues und der Funktionen der Körperteile,
2. Krankheitsanzeichen und Pferdekrankheiten,

3. Grundlagen der Fütterungslehre,
4. Aufstallungsformen und Raumbedarf,
5. Arbeitsschutz, Unfallverhütung.

§ 9
Abschlußprüfung

(1) Die Abschlußprüfung erstreckt sich auf die in der Anlage zu § 4 aufgeführten Fertigkeiten und Kenntnisse sowie auf den im Berufsschulunterricht vermittelten Lehrstoff, soweit dieser für die Berufsausbildung wesentlich ist. In der Prüfung sind jeweils die im letzten Ausbildungsjahr in dem gewählten Schwerpunkt zu vermittelnden Fertigkeiten und Kenntnisse besonders zu berücksichtigen.

(2) Zum Nachweis der Fertigkeiten soll der Prüfling in insgesamt bis zu vier Stunden drei Arbeitsproben durchführen. Für die Auswahl der Arbeitsproben kommen insbesondere folgende Gebiete in Betracht:
1. Füttern, Tränken und Pflegen von Pferden,
2. Beurteilen und Beschreiben von Pferden,
3. Behandeln von Wunden, Anlegen von Verbänden, Hilfe beim Hufbeschlag,
4. Arbeiten und Bewegen von Pferden,
5. Pflegen und Ausbessern von Ausrüstung und Zubehör,
6. Arbeitsschutz und Unfallverhütung.

(3) Zum Nachweis der Kenntnisse soll der Prüfling schriftlich und mündlich geprüft werden. Die Prüfung soll sich insbesondere auf folgende Gebiete erstrecken:
1. Pferdekrankheiten und ihre Bekämpfung,
2. Ausbildungs- und Trainingsmethoden,
3. Fortpflanzung, Züchtung, Vererbung und Rassen,
4. Fütterungslehre, Futtergewinnung und -verwendung,
5. Stallformen, Stallklima, Haltungsformen,
6. Betriebsorganisation, Betriebsfläche, Arbeitskräfte, Güter des Betriebes, Kosten wichtige Güter des Betriebes,
7. Fachrechnen,
8. Rechtsfragen im Bereich Pferdezucht und -haltung sowie Pferdesport,
9. Wirtschafts- und Sozialkunde,
10. Umweltbelastungen und Umweltschutz.

(4) Im schriftlichen Teil der Prüfung soll der Prüfling drei Klausurarbeiten anfertigen. Die Dauer soll insgesamt bis zu drei Stunden betragen.

(5) Die mündliche Prüfung soll für jeden Prüfling insgesamt nicht länger als zwanzig Minuten dauern. Dieser Teil der Prüfung soll sich insbesondere auf die Prüfungsgebiete erstrecken, die nicht schriftlich geprüft wurden.

(6) Soweit die Prüfung mit Hilfe programmierter Fragebogen (programmierte Prüfung) durchgeführt wird, kann von der in Absatz 4 genannten Prüfungsdauer abgewichen und auf die mündliche Prüfung ganz oder teilweise verzichtet werden.

(7) Für die Ermittlung des Gesamtergebnisses haben die Fertigkeits- und die Kenntnisprüfung gleiches Gewicht.

§ 10
Aufhebung von Vorschriften

Die bisher im Verwaltungsverfahren festgelegten Berufsbilder, Berufsbildungspläne und Prüfungsanforderungen für die Lehrberufe, Anlernberufe und vergleichbar geregelten Ausbildungsberufe, die in dieser Rechtsverordnung geregelt sind, insbesondere für die Ausbildungsberufe Berufsfahrer im Trabrennsport, Berufsreiter und -fahrer sowie Jockey sind nicht mehr anzuwenden.

§ 11
Übergangsregelung

(1) Für die Berufsausbildungsverhältnisse, die bei Inkrafttreten dieser Verordnung ein Jahr oder länger bestehen, sind die bisherigen Vorschriften weiter anzuwenden, es sei denn, die Vertragspartner vereinbaren die Anwendung der Vorschriften dieser Verordnung.

(2) Für Berufsausbildungsverhältnisse, die bei Inkrafttreten dieser Verordnung noch nicht ein Jahr bestehen, kann die zuständige Stelle zur Vermeidung unbilliger Härten genehmigen, daß die bisherigen Vorschriften weiter angewendet werden.

§ 12
Berlin-Klausel

Diese Verordnung gilt nach § 14 des Dritten Überleitungsgesetzes vom 4. Januar 1952 (Bundesgesetzblatt I S. 1) in Verbindung mit § 112 des Berufsbildungsgesetzes auch im Land Berlin.

§ 13
Inkrafttreten

Diese Verordnung tritt am Tage nach der Verkündung in Kraft.

Bonn, den 1. November 1975

Der Bundesminister
für Ernährung, Landwirtschaft und Forsten
J. Ertl

Die Fortbildung einschließlich der Meisterprüfung zum Pferdewirtschaftsmeister – Gestütsmeister, Staatl. geprüfter Reitlehrer, Galopper-Trainer, Traber-Trainer – erfolgt zum Teil nach BBiG, ansonsten zum Teil gem. BBiG, § 108, nach alten Regelungen, soweit Prüfungsanforderungen und Prüfungsordnungen noch nicht erlassen sind. Gleiches gilt für die Eignung der Ausbildungsstätten.

Auf den folgenden Seiten 112–120 ist der Ausbildungsrahmenplan für die Berufsausbildung zum Pferdewirt abgedruckt.

I. Gesamte Ausbildungsdauer:

Lfd. Nr.	Teil des Ausbildungsberufsbildes	zu vermittelnde Fertigkeiten und Kenntnisse
1	2	3
1	Arbeitsschutz und Unfallverhütung (§ 3 Nr. 12)	a) Kenntnisse der Arbeitsschutzvorschriften in Gesetzen und Verordnungen b) Kenntnisse der Vorschriften der Träger der gesetzlichen Unfallversicherung, insbesondere der Unfallverhütungsvorschriften, Richtlinien und Merkblätter c) Verhalten bei Unfällen, Erste Hilfe d) Umgehen mit Reinigungs- und Desinfektionsmitteln e) Führen von Maschinen und Geräten sowie Reiten und Fahren im Straßenverkehr
2	Umweltschutz (§ 3 Nr. 13)	a) Vermeiden von Luftverschmutzungen, Geruchs- und Lärmbelästigung b) Reinhalten von Grund- und Oberflächenwasser c) Kenntnisse der Abfallbeseitigung und Abfallverwertung d) Kenntnisse der Umwelteinflüsse im Hinblick auf die Erzeugung gesundheitlich einwandfreier Futtermittel e) Kenntnisse der Landschaftspflege

II. Erstes Ausbildungshalbjahr:

1	Versorgen, Pflegen, Führen und Transportieren von Pferden (§ 3 Nr. 1)	Füttern, Tränken, Reinigen, Führen und andere tägliche Versorgungsarbeiten
2	Körperbau, Lebensvorgänge und Verhalten der Pferde (§ 3 Nr. 2)	a) Kenntnisse des Körperbaues, der Organe und ihrer Funktionen b) Identifizieren nach Farbe und Abzeichen, Bestimmen des Alters
3	Tiergesundheit und Tierhygiene (§ 3 Nr. 3)	a) Kenntnisse der Tiergesundheit b) Prüfen von Körpertemperatur und Pulszahl
4	Bewegen und Arbeiten von Pferden (§ 3 Nr. 4)	a) Zäumen, Satteln, Anschirren, Anspannen b) Reiten und Fahren

Lfd. Nr.	Teil des Ausbildungsberufsbildes	zu vermittelnde Fertigkeiten und Kenntnisse
1	2	3
5	Fortpflanzung, Züchtung, Vererbung und Rassenkunde (§ 3 Nr. 5)	Kenntnisse der Geschlechts- und Zuchtreife
6	Futtermittel, ihre Gewinnung, Beschaffung und Verwendung (§ 3 Nr. 6)	a) Kenntnisse der Futtermittel, der Grundnährstoffe, der Mineralstoffe und der Wirkstoffe b) Kenntnisse des Futterbaues, der Futterwerbung und der Weidepflege
7	Formen der Pferdehaltung sowie bauliche und technische Einrichtungen (§ 3 Nr. 7)	Kenntnisse der Stalleinrichtungen
8	Einsetzen, Pflegen und Instandhalten von Maschinen, Geräten, Ausrüstung und Zubehör (§ 3 Nr. 8)	a) Reinigen und Pflegen von Ausrüstung und Zubehör b) Anlegen und Anpassen von Zaum, Sattel und Geschirr
9	Kenntnisse der einschlägigen Rechtskunde (§ 3 Nr. 10)	Kenntnisse der gesetzlichen Bestimmungen über den Tierschutz
10	Kenntnisse der Wirtschafts- und Sozialkunde (§ 3 Nr. 11)	Kenntnisse der Bestimmungen des Berufsbildungsgesetzes in bezug auf Ausbildungsvertrag, Ausbildungsverhältnis und Fortbildungsmöglichkeiten

III. Zweites Ausbildungshalbjahr:

1	Versorgen, Pflegen, Führen und Transportieren von Pferden (§ 3 Nr. 1)	a) Füttern, Tränken, Reinigen, Führen und andere tägliche Versorgungsarbeiten b) Frisieren und Bandagieren
2	Körperbau, Lebensvorgänge und Verhalten der Pferde (§ 3 Nr. 2)	Kenntnisse des Verhaltens und der Lebensweise des Pferdes sowie seine Ansprüche an die Umwelt
3	Tiergesundheit und Tierhygiene (§ 3 Nr. 3)	a) Kenntnisse der wichtigsten Krankheiten des Pferdes unter besonderer Berücksichtigung der anzeigepflichtigen Seuchen b) Reinigen, Desinfizieren und Bekämpfen von Ungeziefer
4	Bewegen und Arbeiten von Pferden (§ 3 Nr. 4)	a) Zäumen, Satteln, Anschirren, Anpassen b) Reiten und Fahren

Lfd. Nr.	Teil des Ausbildungsberufsbildes	zu vermittelnde Fertigkeiten und Kenntnisse
1	2	3
5	Fortpflanzung, Züchtung, Vererbung und Rassenkunde (§ 3 Nr. 5)	a) Kenntnisse der Trächtigkeit und der Abfohlung b) Kenntnisse der züchterischen Grundbegriffe und der Vererbungsregeln
6	Futtermittel, ihre Gewinnung, Beschaffung und Verwendung (§ 3 Nr. 6)	a) Werben, Konservieren und Lagern von Futtermitteln b) Auf- und Zubereiten von Futtermitteln c) Bekämpfen von Schadorganismen
7	Formen der Pferdehaltung sowie bauliche und technische Einrichtungen (§ 3 Nr. 7)	Kenntnisse der Aufstallungsformen und des Raumbedarfs
8	Einsetzen, Pflegen und Instandhalten von Maschinen, Geräten, Ausrüstung und Zubehör (§ 3 Nr. 8)	a) Lesen und Anwenden von Betriebsanleitungen und Wartungsvorschriften b) Einsetzen, Warten und Pflegen von Maschinen und Geräten
9	Kenntnisse der betrieblichen Zusammenhänge in der Ausbildungsstätte (§ 3 Nr. 9)	Kenntnisse der Betriebsflächen und der Betriebsgebäude, ihrer Lage, Zuordnung und Nutzung
10	Kenntnisse der einschlägigen Rechtskunde (§ 3 Nr. 10)	Kenntnisse der gesetzlichen Bestimmungen über die Tierhalterhaftung
11	Kenntnisse der Wirtschafts- und Sozialkunde (§ 3 Nr. 11)	a) Kenntnisse der Bestimmungen des Berufsbildungsgesetzes in bezug auf Ausbildungsvertrag, Ausbildungsverhältnis und Fortbildungsmöglichkeiten b) Kenntnisse der schulischen Aus- und Fortbildung in der Landwirtschaft, insbesondere in der Pferdehaltung

IV. Drittes Ausbildungshalbjahr:

Lfd. Nr.	Teil des Ausbildungsberufsbildes	zu vermittelnde Fertigkeiten und Kenntnisse
1	Versorgen, Pflegen, Führen und Transportieren von Pferden (§ 3 Nr. 1)	a) Versorgen des Pferdes nach der Arbeit b) Vorbereiten von Pferden für die Teilnahme an Leistungsprüfungen und anderen Veranstaltungen
2	Körperbau, Lebensvorgänge und Verhalten der Pferde (§ 3 Nr. 2)	Beurteilen von Pferden auf Grund ihres Körperbaues und ihrer Verhaltensweise

Lfd. Nr.	Teil des Ausbildungsberufsbildes	zu vermittelnde Fertigkeiten und Kenntnisse
1	2	3
3	Tiergesundheit und Tierhygiene (§ 3 Nr. 3)	a) Beachten der Hygiene und der Vorbeugemaßnahmen bei Aufzucht und Haltung b) Erkennen von Krankheitsanzeichen und Versorgen des Pferdes bis zum Eintreffen des Tierarztes
4	Bewegen und Arbeiten von Pferden (§ 3 Nr. 4)	a) Bewegen an der Longe b) Reiten und Fahren
5	Fortpflanzung, Züchtung, Vererbung und Rassenkunde (§ 3 Nr. 5)	a) Kenntnisse der wichtigsten Pferderassen b) Kenntnisse der Zuchtziele c) Kenntnisse der Entwicklung der Pferdezucht und der Zuchtgebiete
6	Futtermittel, ihre Gewinnung, Beschaffung und Verwendung (§ 3 Nr. 6)	a) Füttern der Pferde bei den verschiedenen Haltungsformen b) Berechnen, Wiegen und Schätzen von Futtermengen
7	Formen der Pferdehaltung sowie bauliche und technische Einrichtungen (§ 3 Nr. 7)	a) Kenntnisse des Stallklimas, insbesondere der Luftfeuchtigkeit, der Luftumwälzung und des Luftbedarfs b) Einrichten der Sattel- oder Geschirrkammer
8	Einsetzen, Pflegen und Instandhalten von Maschinen, Geräten, Ausrüstung und Zubehör (§ 3 Nr. 8)	a) Einsetzen, Warten und Pflegen von Maschinen und Geräten b) Ausbessern, Instandhalten von Ausrüstung und Zubehör c) Aufbewahren und Verpacken von Ausrüstung und Zubehör
9	Kenntnisse der betrieblichen Zusammenhänge in der Ausbildungsstätte (§ 3 Nr. 9)	a) Kenntnisse der Struktur der Ausbildungsstätte, der inneren und äußeren Verkehrslage b) Besatz an Arbeitskräften c) Besatz an Tieren und Maschinen
10	Kenntnisse der einschlägigen Rechtskunde (§ 3 Nr. 10)	a) Kenntnisse der gesetzlichen Bestimmungen über den Tierkauf, die Tierzucht, die Tierseuchenbekämpfung einschließlich der Tierkörperbeseitigung b) Kenntnisse der gesetzlichen Bestimmungen über den Verkehr mit Futtermitteln

Lfd. Nr.	Teil des Ausbildungsberufsbildes	zu vermittelnde Fertigkeiten und Kenntnisse
1	2	3
11	Kenntnisse der Wirtschafts- und Sozialkunde (§ 3 Nr. 11)	Kenntnisse der Behörden, Organisationen und sonstigen Einrichtungen für die Landwirtschaft

V. Viertes Ausbildungshalbjahr:

1	Versorgen, Pflegen, Führen und Transportieren von Pferden (§ 3 Nr. 1)	a) Vorbereiten von Ausrüstung und Zubehör für den Transport von Pferden b) Vorbereiten des Transportmittels c) Vorbereiten der Pferde für den Transport, Verladen, Begleiten und Versorgen
2	Körperbau, Lebensvorgänge und Verhalten der Pferde (§ 3 Nr. 2)	a) Beurteilen des Bewegungsablaufes b) Beurteilen der Leistungsmerkmale
3	Tiergesundheit und Tierhygiene (§ 3 Nr. 3)	a) Einrichten der Stallapotheke b) Behandeln von Wunden und Anlegen von Verbänden c) Kenntnisse der Hufschäden und -krankheiten d) Pflegen der Hufe und Helfen beim Beschlagen
4	Bewegen und Arbeiten von Pferden (§ 3 Nr. 4)	a) Bewegen an der Longe b) Reiten und Fahren
5	Fortpflanzung, Züchtung, Vererbung und Rassenkunde (§ 3 Nr. 5)	Kenntnisse der verschiedenen Zuchtleistungsprüfungen
6	Futtermittel, ihre Gewinnung, Beschaffung und Verwendung (§ 3 Nr. 6)	a) Kenntnisse der den jeweiligen physiologischen Anforderungen entsprechenden Fütterung b) Bestimmen und Beurteilen von wirtschaftseigenen und zugekauften Futtermitteln c) Zusammenstellen von Futterrationen
7	Formen der Pferdehaltung sowie bauliche und technische Einrichtungen (§ 3 Nr. 7)	a) Kenntnisse der Stall-, Weide- und Freilandhaltung, insbesondere des Flächenbedarfs und der Koppelgröße b) Kenntnisse der Mechanisierungsmöglichkeiten

Lfd. Nr.	Teil des Ausbildungsberufsbildes	zu vermittelnde Fertigkeiten und Kenntnisse
1	2	3
8	Einsetzen, Pflegen und Instandhalten von Maschinen, Geräten, Ausrüstung und Zubehör (§ 3 Nr. 8)	a) Einsetzen, Warten und Pflegen von Maschinen und Geräten b) Ausbessern, Instandhalten von Ausrüstung und Zubehör
9	Kenntnisse der betrieblichen Zusammenhänge in der Ausbildungsstätte (§ 3 Nr. 9)	Leistungen und Kosten im Betrieb
10	Kenntnisse der einschlägigen Rechtskunde (§ 3 Nr. 10)	Kenntnisse der allgemeinen Vorschriften und Regelungen für den Pferdesport
11	Kenntnisse der Wirtschafts- und Sozialkunde (§ 3 Nr. 11)	Kenntnisse der Behörden, Organisationen und sonstigen Einrichtungen für die Landwirtschaft

VI. Fünftes Ausbildungshalbjahr

A. in Ausbildungsstätten mit dem Schwerpunkt Pferdezucht und -haltung:

1	Versorgen, Pflegen, Führen und Transportieren von Pferden (§ 3 Nr. 1)	a) Füttern, Tränken, Reinigen, andere tägliche Versorgungsarbeiten und Transportieren b) Kenntnisse der Ernährung von Deckhengsten, Zuchtstuten, Fohlen und Jährlingen
2	Fortpflanzung, Züchtung, Vererbung und Rassenkunde (§ 3 Nr. 5)	a) Kenntnisse der Leistungsmerkmale und der Zuchtverfahren b) Vorbereiten der Bedeckung unter besonderer Berücksichtigung von Sicherheitsvorkehrungen
3	Kenntnisse der einschlägigen Rechtskunde (§ 3 Nr. 10)	Kenntnisse der rechtlichen Bestimmungen über Pferdezucht und -haltung

B. in Ausbildungsstätten mit dem Schwerpunkt Reiten:

1	Versorgen, Pflegen, Führen und Transportieren von Pferden (§ 3 Nr. 1)	a) Füttern, Tränken, Reinigen und andere tägliche Versorgungsarbeiten, insbesondere Versorgen der Reitpferde vor und nach dem Training b) Kenntnisse der Ausrüstung und des Zubehörs für das Reitpferd c) Transportieren
2	Bewegen und Arbeiten von Pferden (§ 3 Nr. 4)	a) Reiten und Springen entsprechend dem Schwierigkeitsgrad der Klasse A (Anfänger-Anforderungen) der allgemein anerkannten Regeln für die Leistungsprüfung von Pferden, insbesondere Dressurreiten, Springen, Reiten im Gelände und Jagdreiten

Lfd. Nr.	Teil des Ausbildungsberufsbildes	zu vermittelnde Fertigkeiten und Kenntnisse
1	2	3
	b) Longieren und Voltigieren c) Ausbilden junger Pferde d) Kenntnisse der Ausbildungs- und Trainingsmethoden	
3	Kenntnisse der einschlägigen Rechtskunde (§ 3 Nr. 10)	Kenntnisse der Organisation des Turniersports und der rechtlichen Grundlagen

C. in Ausbildungsstätten mit dem Schwerpunkt Rennreiten:

1	Versorgen, Pflegen, Führen und Transportieren von Pferden (§ 3 Nr. 1)	a) Füttern, Tränken, Reinigen und andere tägliche Versorgungsarbeiten, insbesondere Versorgen der Galopprennpferde vor und nach dem Training b) Kenntnisse der Ausrüstung und des Zubehörs für Galopprennpferde c) Transportieren
2	Bewegen und Arbeiten von Pferden (§ 3 Nr. 4)	a) Reiten von Galopprennpferden in Ausbildung und Training, tägliches Trainieren und Üben der Renntechnik b) Kenntnisse der Ausbildungs- und Trainingsmethoden
3	Kenntnisse der einschlägigen Rechtskunde (§ 3 Nr. 10)	Kenntnisse der Organisation des Galopprennsports und der rechtlichen Grundlagen, insbesondere der Rennordnung

D. in Ausbildungsstätten mit dem Schwerpunkt Trabrennfahren:

1	Versorgen, Pflegen, Führen und Transportieren von Pferden (§ 3 Nr. 1)	a) Füttern, Tränken, Reinigen und andere tägliche Versorgungsarbeiten, insbesondere Versorgen der Trabrennpferde vor und nach dem Training b) Kenntnisse der Ausrüstung und des Zubehörs für das Trabrennfahren, insbesondere der Zäumung, Anspannung, Schutz- und Balancehilfsmittel c) Transportieren
2	Bewegen und Arbeiten von Pferden (§ 3 Nr. 4)	a) Ausbilden und Trainieren von Trabrennpferden, Einfahren von Trabrennpferden, tägliches Trainieren und Üben der Renntechnik b) Kenntnisse der Ausbildungs- und Trainingsmethoden

Lfd. Nr.	Teil des Ausbildungsberufsbildes	zu vermittelnde Fertigkeiten und Kenntnisse
1	2	3
3	Kenntnisse der einschlägigen Rechtskunde (§ 3 Nr. 10)	Kenntnisse der Organisation des Trabrennsports und der rechtlichen Grundlagen, insbesondere der Trabrennordnung

VII. Sechstes Ausbildungshalbjahr

A. in Ausbildungsstätten mit dem Schwerpunkt Pferdezucht und -haltung:

Lfd. Nr.	Teil des Ausbildungsberufsbildes	zu vermittelnde Fertigkeiten und Kenntnisse
1	Versorgen, Pflegen, Führen und Transportieren von Pferden (§ 3 Nr. 1)	a) Versorgen und Pflegen der Fohlen unter besonderer Berücksichtigung der Gewöhnung des Fohlens an den Menschen, der Bewegung des Fohlens sowie der speziellen Hufpflege b) Fütterung des Saugfohlens bis zum Absetzen
2	Fortpflanzung, Züchtung, Vererbung und Rassenkunde (§ 3 Nr. 5)	a) Kenntnisse der Trächtigkeit und der Abfohlung b) Versorgen der Mutterstute nach dem Abfohlen
3	Kenntnisse der einschlägigen Rechtskunde (§ 3 Nr. 10)	Kenntnisse der rechtlichen Bestimmungen über Pferdezucht und -haltung

B. in Ausbildungsstätten mit dem Schwerpunkt Reiten:

Lfd. Nr.	Teil des Ausbildungsberufsbildes	zu vermittelnde Fertigkeiten und Kenntnisse
1	Versorgen, Pflegen, Führen und Transportieren von Pferden (§ 3 Nr. 1)	a) Füttern, Tränken, Reinigen und andere tägliche Versorgungsarbeiten, insbesondere Versorgen der Reitpferde vor und nach dem Turniereinsatz b) Zusammensetzen und Verpassen von Sattel und Zaumzeug sowie Bandagieren
2	Bewegen und Arbeiten von Pferden (§ 3 Nr. 4)	a) Reiten und Springen entsprechend dem Schwierigkeitsgrad der Klasse L (leichte Anforderungen) der allgemein anerkannten Regeln für die Leistungsprüfung von Pferden, insbesondere Dressurreiten, Springen, Reiten im Gelände und Jagdreiten, Teilnahme an Turnieren b) Ausbilden von Pferden bis zur Klasse L c) Korrigieren von Dressurpferden und Springpferden d) Kenntnisse der Ausbildungs- und Trainingsmethoden
3	Kenntnisse der einschlägigen Rechtskunde (§ 3 Nr. 10)	Kenntnisse der Organisation des Turniersports und der rechtlichen Grundlagen

C. in Ausbildungsstätten mit dem Schwerpunkt Rennreiten:

Lfd. Nr.	Teil des Ausbildungsberufsbildes	zu vermittelnde Fertigkeiten und Kenntnisse
1	2	3
1	Versorgen, Pflegen, Führen und Transportieren von Pferden (§ 3 Nr. 1)	a) Füttern, Tränken, Reinigen und andere tägliche Versorgungsarbeiten, insbesondere Versorgen der Galopprennpferde vor und nach dem Rennen b) Zusammensetzen und Verpassen von Sattel und Zaumzeug sowie Bandagieren
2	Bewegen und Arbeiten von Pferden (§ 3 Nr. 4)	a) Reiten von Galopprennpferden in Ausbildung und Training, insbesondere Anreiten von Jährlingen, tägliches Trainieren und Üben der Renntechnik b) Reiten von Galopprennpferden im Rennen und Beachten der Vorschriften über die Rennausrüstung, das Auswiegen vor und nach dem Rennen, das Verhalten im Führring, beim Aufgalopp, vor dem Start und während des Rennens c) Kenntnisse der Ausbildungs- und Trainingsmethoden
3	Kenntnisse der einschlägigen Rechtskunde (§ 3 Nr. 10)	Kenntnisse der Organisation des Galopprennsports und der rechtlichen Grundlagen, insbesondere der Rennordnung

D. in Ausbildungsstätten mit dem Schwerpunkt Trabrennfahren:

1	Versorgen, Pflegen, Führen und Transportieren von Pferden (§ 3 Nr. 1)	a) Füttern, Tränken, Reinigen und andere tägliche Versorgungsarbeiten, insbesondere Versorgen der Trabrennpferde vor und nach dem Rennen b) Zusammensetzen der Ausrüstung und Anspannen
2	Bewegen und Arbeiten von Pferden (§ 3 Nr. 4)	a) Ausbilden und Trainieren von Trabrennpferden, Einfahren von Trabrennpferden, tägliches Trainieren und Üben der Renntechnik b) Fahren von Trabrennpferden im Rennen, insbesondere Warmfahren vor dem Rennen, Verhalten am Start, Zeitmessen und Verhalten im Rennen c) Kenntnisse der Ausbildungs- und Trainingsmethoden
3	Kenntnisse der einschlägigen Rechtskunde (§ 3 Nr. 10)	Kenntnisse der Organisation des Trabrennsports und der rechtlichen Grundlagen, insbesondere der Trabrennordnung

Berufsausbildungsvertrag
für den Bereich der Landwirtschaft
Zwischen dem Auszubildenden

Name, Vorname

Straße   Hs.Nr.

PLZ   Ort/Gemeinde

geboren am   in

gesetzlich vertreten durch[1]

Siegel   Ort, Datum

Unterschrift

Name des Vaters bzw. Vormundes

Name der Mutter

Straße   Hs.Nr.

PLZ   Ort/Gemeinde

und dem Ausbildenden

Name, Vorname

Straße   Hs.Nr.

PLZ   Ort/Gemeinde

Telefon

wird nachstehender Vertrag im Ausbildungsberuf _____ geschlossen.

A) Die Ausbildungszeit (1) beträgt nach § 2 der Ausbildungsordnung _____ Jahre.

Dieses Berufsausbildungsverhältnis

beginnt am _____ und

endet am _____ .

B) Die Probezeit (1.2) beträgt _____ Monate.

C) Der Ausbildende zahlt dem Auszubildenden eine angemessene Vergütung (5.).
Die Barvergütung beträgt monatlich

DM _____ brutto im 1. Ausbildungsjahr

DM _____ brutto im 2. Ausbildungsjahr

DM _____ brutto im 3. Ausbildungsjahr

Kost und Wohnung wird
– auf Grund des Ausbildungsverhältnisses*)
– in Erfüllung der elterlichen Unterhaltspflicht*)
– nicht*)
gewährt.

D) Die regelmäßige tägl. Ausbildungszeit (6.1) beträgt von

Montag bis Freitag _____ Stunden

_____ bis _____ _____ Stunden

E) Der Ausbildende gewährt dem Auszubildenden Urlaub (6.2) nach den geltenden Bestimmungen. Es besteht ein Urlaubsanspruch von

_____ Werktagen im Jahre 19___

_____ Werktagen im Jahre 19___

_____ Werktagen im Jahre 19___

_____ Werktagen im Jahre 19___

F) Sonstige Vereinbarungen

G) Überbetriebliche Ausbildungsmaßnahmen (Lehrgänge, Schulungen)

*) Nichtzutreffendes streichen
[1] Vertretungsberechtigt sind beide Eltern gemeinsam, soweit nicht gesetzliche Hinderungsgründe vorliegen. Ist ein Vormund bestellt, so bedarf dieser zum Abschluß des Ausbildungsvertrages der Genehmigung des Vormundschaftsgerichtes.

1. Ausbildungszeit

1.1 Dauer (siehe A)

1.2 Probezeit (siehe B)
Im Falle einer Unterbrechung der Ausbildung während der Probezeit wird diese, nicht jedoch die Ausbildungszeit, unterbrochen. Während der Probezeit kann das Berufsausbildungsverhältnis ohne Einhaltung einer Kündigungsfrist und ohne Angabe von Gründen gekündigt werden. Die Kündigung muß schriftlich erfolgen.

1.3 Vorzeitige Beendigung des Ausbildungsverhältnisses
Besteht der Auszubildende vor Beendigung der unter Ziff. 1.1 verein-

barten Ausbildungszeit die Abschlußprüfung, so endet das Ausbildungsverhältnis mit Bestehen der Abschlußprüfung.

1.4 Verlängerung des Ausbildungsverhältnisses
Besteht der Auszubildende die Abschlußprüfung nicht, so verlängert sich das Berufsausbildungsverhältnis auf sein Verlangen bis zur nächstmöglichen Wiederholungsprüfung, höchstens um ein Jahr.

2. Pflichten des Ausbildenden

Der Ausbildende verpflichtet sich,

2.1 Ausbildungsziel
dafür zu sorgen, daß dem Auszubildenden die Fertigkeiten und Kenntnisse vermittelt werden, die zum Erreichen des Ausbildungszieles nach dem Ausbildungsberufsbild erforderlich sind, die Berufsausbildung in einer durch ihren Zweck gebotenen Form planmäßig, zeitlich und sachlich gegliedert nach dem Ausbildungsrahmenplan so durchzuführen, daß das Ausbildungsziel in der vorgesehenen Ausbildungszeit erreicht werden kann;

2.2 Ausbilder
selbst auszubilden oder einen persönlich und fachlich geeigneten Ausbilder ausdrücklich damit zu beauftragen;

2.3 Ausbildungsmittel
dem Auszubildenden kostenlos die betrieblichen Ausbildungsmittel einschließlich Berichtsheft zur Verfügung zu stellen, die zur Berufsausbildung und zum Ablegen von Zwischen- und Abschlußprüfungen erforderlich sind;

2.4 Berufsschulbesuch und Berichtsheftführung
den Auszubildenden zum Besuch der Berufsschule anzuhalten sowie zum Führen von Berichtsheften anzuleiten, diese regelmäßig durchzusehen und abzuzeichnen;

2.5 Sorgepflicht
dafür zu sorgen, daß der Auszubildende charakterlich gefördert sowie sittlich und körperlich nicht gefährdet wird. Bei Aufnahme in die häusliche Gemeinschaft des Auszubildenden ist dem Auszubildenden angemessene Unterkunft und Verpflegung, bei Erkrankung die erforderliche Pflege zu gewähren, sofern nicht die Überführung in ein Krankenhaus erforderlich ist. Der Erziehungsberechtigte oder der Sorgeberechtigte ist von der Erkrankung zu benachrichtigen;

2.6 Ausbildungsbezogene Tätigkeiten
dem Auszubildenden nur Aufgaben zu übertragen, die dem Ausbildungszweck dienen und seinen körperlichen Kräften angemessen sind;

2.7 Freistellung
den Auszubildenden für die Teilnahme am Berufsschulunterricht und

an Prüfungen (siehe auch § 10 JArbSchG[1]) freizustellen. Das gleiche gilt für die Teilnahme an Ausbildungsmaßnahmen außerhalb der Ausbildungsstätte die von der zuständigen Stelle angeordnet werden und für die ärztliche Untersuchung von Jugendlichen nach dem Jugendarbeitsschutzgesetz;

2.8 Ärztliche Untersuchungen
von dem jugendlichen Auszubildenden eine Bescheinigung gemäß § 32 JArbSchG vorlegen zu lassen, daß dieser innerhalb der letzten neun Monate von einem Arzt untersucht worden ist; von dem jugendlichen Auszubildenden ein Jahr nach Aufnahme der ersten Beschäftigung nach § 33 JArbSchG die Bescheinigung eines Arztes darüber vorlegen zu lassen, daß der Jugendliche nachuntersucht worden ist. Die Nachuntersuchung darf nicht länger als drei Monate zurückliegen.

2.9 Jugendarbeits- und Unfallschutz
darauf hinzuwirken, daß die Jugendarbeitsschutz- und Unfallschutzbestimmungen beachtet werden. Insbesondere hat er den Auszubildenden über die Unfall- und Gesundheitsgefahren sowie über die Einrichtungen und Maßnahmen zur Abwendung dieser Gefahren zu unterweisen. Diese Unterweisungen sind in angemessenen Zeitabständen, mindestens aber halbjährlich zu wiederholen;

2.10 Sozialversicherung
den Auszubildenden zu den gesetzlichen Sozialversicherungen anzumelden;

2.11 Eintragungsantrag (siehe Rückseite)
unverzüglich nach Abschluß[2] des Berufsausbildungsvertrages die Eintragung in das Verzeichnis der Berufsausbildungsverhältnisse bei der zuständigen Stelle zu beantragen. Diesem Antrag sind Vertragsniederschriften und bei Jugendlichen unter 18 Jahren eine ärztliche Bescheinigung nach § 39 JArbSchG beizufügen. Änderungen von wesentlichen Vertragsinhalten und ggf. die Auflösung des Vertrages sind der zuständigen Stelle unverzüglich mitzuteilen. (Siehe auch 8.1)

2.12 Anmeldung zu Prüfungen
den Auszubildenden anzuhalten, sich rechtzeitig zu von der zuständigen Stelle angesetzten Prüfungen anzumelden.

3. Pflichten des Auszubildenden

Der Auszubildende hat sich zu bemühen, die Fertigkeiten und Kenntnisse zu erwerben, die erforderlich sind, um das Ausbildungsziel zu erreichen. Er verpflichtet sich insbesondere,

3.1 Lernpflicht
die ihm im Rahmen seiner Berufsausbildung aufgetragenen Aufgaben sorgfältig auszuführen;

3.2 Berufsschulunterricht, Prüfungen und sonstige Maßnahmen
am Berufsschulunterricht und an Prüfungen sowie an Ausbildungsmaßnahmen außerhalb des Ausbildungsbetriebes teilzunehmen, für die er nach 2.7 freigestellt wird;

3.3 Weisungsgebundenheit
den Weisungen zu folgen, die ihm im Rahmen der Berufsausbildung von dem Ausbildenden oder von anderen weisungsberechtigten Personen erteilt werden;

3.4 Betriebliche Ordnung und Betriebsgeheimnisse
die für den Ausbildungsbetrieb geltenden Ordnungen, insbesondere Arbeitsordnung und Unfallvorschriften, zu beachten, sowie über Betriebs- und Geschäftsgeheimnisse Stillschweigen zu wahren;

3.5 Sorgfaltspflicht
die ihm anvertrauten Ausbildungsmittel (z. B. Pflanzen, Tiere, Maschi-

nen, Geräte) und Einrichtungen pfleglich zu behandeln und nur zu den ihm übertragenen Arbeiten zu verwenden;

3.6 Berichtsheftführung
das vorgeschriebene Berichtsheft ordnungsgemäß zu führen und es dem Ausbildenden regelmäßig zur Durchsicht und Abzeichnung vorzulegen;

3.7 Benachrichtigung
beim Fernbleiben von dem betrieblichen Ausbildungs- von Berufsschulunterricht oder von sonstigen Ausbildungsveranstaltungen dem Ausbildenden unter Angabe der Gründe unverzüglich Nachricht zu geben und ihm bei Krankheit oder Unfall spätestens am dritten Tag eine ärztliche Bescheinigung zuzuleiten;

3.8 Untersuchung
soweit auf ihn die Bestimmungen des JArbSchG Anwendung finden, dem Ausbildenden bei Beginn der Ausbildung vor Arzt ausgestellte Bescheinigung gemäß § 32 JArbSchG (Erstuntersuchung) und nach 1 Jahr gemäß § 33 (Nachuntersuchung) vorzulegen. Die Nachuntersuchung darf nicht länger als 3 Monate zurückliegen;

3.9 Hausordnung
bei Aufnahme in die häusliche Gemeinschaft des Ausbildenden die Hausordnung einzuhalten.

---

[1] Gesetz zum Schutze der arbeitenden Jugend (Jugendarbeitsschutzgesetz – JArbSchG) vom 12. 4. 1976 (BGBl I S. 965)
[2] Der Vertrag ist vor Beginn der Berufsausbildung abzuschließen (§ 4 Abs. 1 BBiG).

4. Pflichten des gesetzlichen Vertreters

Der gesetzliche Vertreter des Auszubildenden verpflichtet sich,

4.1
diesen zur Erfüllung aller in diesem Vertrag übernommenen Pflichten anzuhalten;

4.2
den Ausbildenden in seinen Bemühungen um die Ausbildung und Erziehung nach Kräften zu unterstützen;

4.3
sich vom Fortgang der Ausbildung zu überzeugen.

5. Vergütung, Sachleistungen

5.1 Höhe und Fälligkeit (siehe C)
Als angemessene Vergütung gelten die von der zuständigen Stelle empfohlenen Vergütungssätze. Änderungen während der Ausbildungszeit sind entsprechend zu berücksichtigen. Die Vergütung ist spätestens am letzten Arbeitstag des Monates zu zahlen.
Die Beiträge für die Sozialversicherung tragen die Vertragschließenden nach Maßgabe der gesetzlichen Bestimmungen.

5.2 Sachleistungen (siehe C)
Wird als Teil der Vergütung Kost und Wohnung gewährt, so werden diese Sachleistungen nach der jeweils gültigen Verordnung der Bayerischen Staatsregierung über die Festsetzung des Wertes der Sachbezüge in der Sozialversicherung berechnet.

5.3 Fortzahlung der Vergütung
Dem Auszubildenden wird die Vergütung auch gezahlt für die Zeit der Freistellung gemäß 2.7 und 3.2 und bis zur Dauer von sechs Wochen, wenn er

5.3.1
sich für die Berufsausbildung bereithält, diese aber ausfällt

5.3.2
infolge unverschuldeter Krankheit nicht an der Berufsausbildung teilnehmen kann oder

5.3.3
aus einem sonstigen, in seiner Person liegenden Grund unverschuldet verhindert ist, seine Pflichten aus dem Berufsausbildungsverhältnis zu erfüllen.

5.4 Abgeltung der Sachleistungen
Kann der Auszubildende während der Zeit, für welche die Vergütung fortzuzahlen ist, aus berechtigtem Grund vereinbarte Sachleistungen nicht abnehmen, so sind diese nach der vorg— annten Verordnung abzugelten.

5.5 Besondere Vergütung
Eine über die vereinbarte regelmäßige tägliche Ausbildungszeit (6.1) hinausgehende Beschäftigung von Auszubildenden über 18 Jahren ist angemessen zu vergüten (§ 10 Abs. 3 BBiG).

6. Ausbildungszeit und Urlaub

6.1 Vereinbarte Ausbildungszeit (siehe D)
Nach § 8 Abs. 1 JArbSchG dürfen Jugendliche nicht mehr als 8 Std. täglich und nicht mehr als 40 Std. wöchentlich beschäftigt werden.
Nach § 8 Abs. 3 JArbSchG dürfen Jugendliche über 16 Jahre während der Erntezeit in der Landwirtschaft nicht mehr als 9 Std. täglich und nicht mehr als 85 Std. in der Doppelwoche beschäftigt werden. Eine Beschäftigung innerhalb dieser Grenzen ist keine Mehrbeschäftigung im Sinn des § 10 Abs. 3 BBiG. Für Jugendliche gilt die Fünf-Tage-Woche (§ 15 JArbSchG). Grundsätzlich besteht Samstagsruhe (§ 16 Abs. 1 JArbSchG). Abweichend von diesem Grundsatz ist eine Beschäftigung in der Landwirtschaft und Tierpflege auch samstags, sonn- und feiertags zulässig; es besteht jedoch die Pflicht zur Freistellung (§ 16, 17 und 18 JArbSchG).
Die vorgenannten Regelungen finden ausnahmsweise keine Anwendung auf die Beschäftigung jugendlicher Auszubildender mit vorübergehenden und unaufschiebbaren Arbeiten in Notfällen, soweit erwachsene Beschäftigte nicht zur Verfügung stehen (§ 21 Abs. 1 JArbSchG). Auch in diesen Fällen besteht jedoch Freistellungspflicht (§ 21 Abs. 2 JArbSchG).

6.2 Urlaubsanspruch (siehe E)
Der jugendliche Auszubildende hat nach JArbSchG Anspruch auf folgenden bezahlten Jahresurlaub: bis zur Vollendung des 16. Lebensjahres 30 Werktage, bis zur Vollendung des 17. Lebensjahres 27 Werktage, bis zur Vollendung des 18. Lebensjahres 25 Werktage. Ab 18 beträgt der Jahresurlaub gem. Bundesurlaubsgesetz 18 Werktage. Maßgebend für die Bemessung des Urlaubes ist das Lebensalter zu Beginn des Kalenderjahres.

6.3 Zeitpunkt des Urlaubs
Der Urlaub soll möglichst zusammenhängend und in der Zeit der Berufsschulferien erteilt und genommen werden. Während des Urlaubes darf der Auszubildende keine dem Urlaubszweck widersprechende Erwerbsarbeit leisten.

6.4 Vergütung während des Urlaubs
Während des Urlaubs wird die Vergütung weitergezahlt. Verbringt der Auszubildende seinen Urlaub außerhalb der Hausgemeinschaft des Ausbildenden, so gilt 5.4 entsprechend.

7. Kündigung nach Probezeit

7.1 Kündigungsgründe
Nach der Probezeit kann das Berufsausbildungsverhältnis nur gekündigt werden

7.1.1
aus einem wichtigen Grund[3)] ohne Einhalten der Kündigungsfrist,

7.1.2
vom Auszubildenden mit einer Kündigungsfrist von vier Wochen, wenn er die Berufsausbildung aufgeben, oder sich für eine andere Berufstätigkeit ausbilden lassen will.
Die Kündigung muß schriftlich und unter Angabe des Kündigungsgrundes erfolgen.

7.2 Unwirksamkeit einer Kündigung
Eine Kündigung aus einem wichtigen Grund ist unwirksam, wenn die

ihr zugrunde liegenden Tatsachen dem zur Kündigung Berechtigten länger als zwei Wochen bekannt sind. Ist ein vorgesehenes außergerichtliches Güteverfahren eingeleitet, so wird bis zu dessen Beendigung der Lauf dieser Frist gehemmt.

7.3 Schadensersatz bei vorzeitiger Beendigung
Wird das Berufsausbildungsverhältnis nach der Probezeit vorzeitig gelöst, so kann der Ausbildende oder der Auszubildende Ersatz des Schadens verlangen, wenn der andere den Grund für die Auflösung zu vertreten hat. Das gilt nicht bei Kündigung wegen Aufgabe oder Wechsel der Berufsausbildung (Ziff. 7.1.2). Der Anspruch erlischt, wenn er nicht innerhalb von drei Monaten nach Beendigung des Berufsausbildungsverhältnisses geltend gemacht wird.

8. Gebühren und sonstige Leistungen

8.1 Eintragungsgebühr
Die Gebühr für die Eintragung des Berufsausbildungsvertrages trägt der Ausbildende; die Höhe der Gebühr richtet sich nach den Regelungen zum Bayerischen Kostengesetz.

8.2 Sonstige Leistungen
Die Kosten für Ausbildungsmaßnahmen außerhalb der Ausbildungsstätte, die nach 2.7 angeordnet sind, trägt der Ausbildende nur dann, wenn sie nicht anderweitig gedeckt sind.

9. Zeugnis

Der Ausbildende hat dem Auszubildenden bei Beendigung des Berufsausbildungsverhältnisses ein Zeugnis auszustellen. Das Zeugnis muß Angaben enthalten über Art, Dauer und Ziel der Berufsausbildung sowie die erworbenen Fertigkeiten und Kenntnisse des Auszubildenden.

Auf sein Verlangen sind auch Angaben über Führung, Leistung und besondere fachliche Fähigkeiten aufzunehmen. Hat der Ausbildende die Berufsausbildung nicht selbst durchgeführt, soll auch der Ausbilder das Zeugnis unterschreiben.

10. Beilegung von Streitigkeiten

Etwaige Streitigkeiten aus dem bestehenden Berufsausbildungsverhältnis sind vor Inanspruchnahme des Arbeitsgerichtes der für die Überwachung der Berufsausbildung zuständigen Stelle vorzutragen.

[3)] Ein wichtiger Grund liegt nur dann vor, wenn die Fortsetzung des Ausbildungsverhältnisses nach Recht und Billigkeit nicht mehr zugemutet werden kann.

Vorstehender Vertrag ist in drei gleichlautenden Ausführungen (bei Mündeln 4fach) ausgestellt und von den Vertrag-schließenden unterschrieben worden.
Die Eintragung in das Verzeichnis der Berufsausbildungsverhältnisse wird hiermit beantragt.

_____ , den _____ 19___

Der Ausbildende   Der Auszubildende

_____   _____
(Vor- und Zuname)   (Vor- und Zuname)

                                                  Die gesetzlichen Vertreter des Auszubildenden

                                                  Vater: _____
Der Ausbilder als Mitzeichner*   und
                                                  Mutter: _____
                                                  oder
_____   Vormund: _____
(Vor- und Zuname)   (Vor- und Zuname)

Vertragsänderungen**)

(Änderungen von wesentlichen Vertragsinhalten sind unverzüglich der zuständigen Stelle zur Eintragung in das Verzeich-nis der Berufsausbildungsverhältnisse mitzuteilen.)

_____

_____

_____

_____

_____

_____

_____ , den _____ 19___

Der Ausbildende   Der Auszubildende

_____   _____
(Vor- und Zuname)   (Vor- und Zuname)

                                                  Die gesetzlichen Vertreter des Auszubildenden

                                                  Vater: _____
Der Ausbilder als Mitzeichner   und
                                                  Mutter: _____
                                                  oder
_____   Vormund: _____
(Vor- und Zuname)   (Vor- und Zuname)

*) Nur wenn der Betriebsinhaber nicht selbst ausbildet.
**) Für Änderungen, die nach Eintragung des Vertrages vereinbart werden (siehe auch Nr. 2.11).

Jugendarbeitsschutzgesetz

Lehrjahre sind keine Herrenjahre; dieser Leitsatz gilt heute nach wie vor. Doch unter dem Vorwand dieses Mottos wurden an verschiedenen Ausbildungsbetrieben Leistungen gefordert, welche die physischen und psychischen Kräfte des jungen Menschen überstiegen.

Gesetz zum Schutze der arbeitenden Jugend
(Jugendarbeitsschutzgesetz vom 12. April 1976)

Vorbemerkung

Das Gesetz zum Schutze der arbeitenden Jugend vom 12. April 1976 ist im Bundesgesetzblatt I, Nr. 42, vom 15. April 1976, Seite 965 ff. verkündet worden und am 1. Mai 1976 in Kraft getreten.

Wenngleich auch im landwirtschaftlichen Bereich verschärfte Schutzbestimmungen wirksam geworden sind, so trägt das Gesetz doch den sich aus der Naturabhängigkeit der Landwirtschaft ergebenden Besonderheiten noch in bescheidenem Rahmen Rechnung. Nachfolgend sind die wichtigsten Neuregelungen für die Landwirtschaft und verwandte Bereiche zusammengestellt. Die angegebenen Paragraphen beziehen sich auf das Jugendarbeitsschutzgesetz.

A. ALLGEMEINE VORSCHRIFTEN

I. Geltungsbereich (§ 1)

Das Gesetz gilt für die Beschäftigung von Personen, die noch nicht 18 Jahre alt sind,

1. in der Berufsausbildung,
2. als Arbeitnehmer oder Heimarbeiter,
3. mit sonstigen Dienstleistungen, die der Arbeitsleistung von Arbeitnehmern oder Heimarbeitern ähnlich sind,
4. in einem der Berufsausbildung ähnlichen Arbeitsverhältnis.

Das Gesetz gilt nicht für geringfügige Hilfeleistungen, soweit sie gelegentlich aus Gefälligkeit oder aufgrund familienrechtlicher Vorschriften erbracht werden.

Das Gesetz gilt ferner nicht für die Beschäftigung durch die Personensorgeberechtigten im Familienhaushalt.

Der federführende Ausschuß für Arbeit und Sozialordnung geht davon aus, daß in landwirtschaftlichen Lebensgemeinschaften unter dem Begriff „Familienhaushalt" Haus und Hof zu verstehen sind.

II. Kind, Jugendlicher (§ 2)

1. Kind im Sinne des Gesetzes ist, wer noch nicht 14 Jahre alt ist.
2. Jugendlicher im Sinne des Gesetzes ist, wer 14, aber noch nicht 18 Jahre alt ist.
3. Jugendliche, die der Vollzeitschulpflicht unterliegen, gelten als Kinder im Sinne des Gesetzes.

III. Begriff der Arbeitszeit (§ 4)

1. Tägliche Arbeitszeit ist die Zeit vom Beginn bis zum Ende der täglichen Beschäftigung ohne die Ruhepausen.
2. Für die Berechnung der wöchentlichen Arbeitszeit ist als Woche die Zeit von Montag bis einschließlich Sonntag zugrunde zu legen. Die Arbeitszeit, die an einem Werktag infolge eines gesetzlichen Feiertags ausfällt, wird auf die wöchentliche Arbeitszeit angerechnet.

Wird ein Kind oder ein Jugendlicher von mehreren Arbeitgebern beschäftigt, so werden die Arbeitszeiten sowie die Arbeitstage zusammengerechnet.

B. BESCHÄFTIGUNG VON KINDERN
(§ 5)

Verbot: Die Beschäftigung von Kindern ist verboten.

Ausnahme: Das Verbot gilt jedoch nicht für die Beschäftigung von Kindern über 13 Jahre,

a) durch Personensorgeberechtigte in der Landwirtschaft bis zu 3 Stunden täglich,

b) mit Einwilligung der Personensorgeberechtigten bei der Ernte (also in anderen Betrieben) bis zu 3 Stunden werktäglich,

soweit die Beschäftigung leicht und für Kinder geeignet ist.

Verbot: Die Kinder dürfen nicht zwischen 18 und 8 Uhr, nicht vor dem Schulunterricht und nicht während des Schulunterrichts beschäftigt werden. Das Fortkommen in der Schule darf durch die Beschäftigung nicht beeinträchtigt werden.

C. BESCHÄFTIGUNG JUGENDLICHER

I. Mindestalter für die Beschäftigung (§ 7)

Verbot: Die Beschäftigung Jugendlicher unter 15 Jahren ist verboten.

Ausnahme: Jugendliche, die der Vollzeitschulpflicht nicht mehr unterliegen, aber noch nicht 15 Jahre alt sind, dürfen

a) im Berufsausbildungsverhältnis,

b) außerhalb eines Berufsausbildungsverhältnisses nur mit leichten und für sie geeigneten Tätigkeiten bis zu 7 Stunden täglich und 35 Stunden wöchentlich

beschäftigt werden.

II. Arbeitszeit und Freizeit

1. Dauer der Arbeitszeit (§ 8)

Gebot: Jugendliche dürfen nicht mehr als 8 Stunden täglich und nicht mehr als 40 Stunden wöchentlich beschäftigt werden.

Ausnahme: In der Landwirtschaft dürfen Jugendliche über 16 Jahre während der Erntezeit bis zu 9 Stunden täglich, aber nicht mehr als 85 Stunden in der Doppelwoche beschäftigt werden. Das bedeutet, daß eine Verlängerung um 1 Stunde täglich nicht an jedem Tag der Doppelwoche, sondern nur an fünf der insgesamt zehn Arbeitstage dieses Zeitraums zulässig ist.

Zur Landwirtschaft im Sinne des Jugendarbeitsschutzgesetzes gehören die Forstwirtschaft und der Erwerbsgartenbau.

Der Begriff „Erntezeit" ist recht unklar. Nach dem Willen des Gesetzgebers und der Zweckbestimmung dieser Ausnahmeregelung soll es sich nur um naturbedingte Arbeitsspitzen handeln.

2. Berufsschule (§ 9)

Der Arbeitgeber hat den Jugendlichen für die Teilnahme am Berufsschulunterricht ohne Entgeltausfall freizustellen. Er darf den Jugendlichen oder den über 18 Jahre alten Berufsschulpflichtigen nicht beschäftigen

a) vor einem vor 9 Uhr beginnenden Unterricht,

b) an Berufsschultagen mit einer Unterrichtszeit einschließlich der Pausen von mindestens 5 Stunden (Zeitstunden),

c) in Berufsschulwochen mit einem Blockunterricht von mindestens 25 Stunden an mindestens 5 Tagen; zusätzliche betriebliche Ausbildungsveranstaltungen bis zu 2 Stunden wöchentlich sind zulässig.

3. Prüfungen und außerbetriebliche Ausbildungsmaßnahmen (§ 10)

Der Arbeitgeber hat den Jugendlichen ohne Entgeltausfall freizustellen

a) für die Teilnahme an Prüfungen und Ausbildungsmaßnahmen, die aufgrund öffentlich-rechtlicher oder vertraglicher Bestimmungen außerhalb der Ausbildungsstätte durchzuführen sind,

b) an dem Arbeitstag, der der schriftlichen Abschlußprüfung unmittelbar vorangeht.

4. Ruhepausen (§ 11)

Jugendlichen müssen im voraus festgelegte Ruhepausen von angemessener Dauer gewährt werden. Die Ruhepausen müssen mindestens 30 Minuten bei einer Arbeitszeit von mindestens $4^{1}/_{2}$ bis 6 Stunden oder 60 Minuten bei einer Arbeitszeit von mehr als 6 Stunden betragen. Als Ruhepause gilt nur eine Arbeitsunterbrechung von mindestens 15 Minuten.

5. Tägliche Freizeit (§ 13)

Nach Beendigung der täglichen Arbeitszeit dürfen Jugendliche nicht vor Ablauf einer ununterbrochenen Freizeit von mindestens 12 Stunden beschäftigt werden.

6. Nachtruhe (§ 14)

Gebot: Jugendliche dürfen nur in der Zeit von 7 bis 20 Uhr beschäftigt werden.

Ausnahme: In der Landwirtschaft dürfen Jugendliche über 16 Jahre ab 6 Uhr und, wenn sie vom Arbeitgeber in die häusliche Gemeinschaft aufgenommen sind, mit dem Melken ab 5 Uhr beschäftigt werden. Unter „Arbeitgeber" ist auch der Melkermeister oder der Gutsverwalter zu verstehen.

Bei dem mit dem Melken beschäftigten Jugendlichen braucht es sich nicht um Auszubildende (Lehrlinge) zu handeln; die Vorschrift gilt auch für jugendliche Hilfsarbeiter.

7. Fünf-Tage-Woche (§ 15)

Jugendliche dürfen nur an 5 Tagen in der Woche beschäftigt werden. Das gilt auch für die Beschäftigung von Kindern über 13 Jahre durch Personensorgeberechtigte in der Landwirtschaft bis zu 3 Stunden täglich bzw. bei der Ernte bis zu 3 Stunden werktäglich mit Einwilligung der Personensorgeberechtigten.

8. Samstagsruhe (§ 16)

Verbot: An Samstagen dürfen Jugendliche nicht beschäftigt werden.

Ausnahme: Zulässig ist die Beschäftigung Jugendlicher an Samstagen jedoch in der Landwirtschaft und Tierpflege, sowie im Familienhaushalt und in offenen Verkaufsstellen und Betrieben mit offenen Verkaufsstellen. Es sollen jedoch mindestens zwei Samstage im Monat beschäftigungsfrei bleiben.

Werden Jugendliche am Samstag beschäftigt, so ist ihnen die Fünf-Tage-Woche durch Freistellung an einem anderen berufsschulfreien Tag derselben Woche sicherzustellen.

9. Sonntagsruhe (§ 17)

Verbot: An Sonntagen dürfen Jugendliche nicht beschäftigt werden.

Ausnahme: Zulässig ist die Beschäftigung Jugendlicher an Sonntagen

a) in der Landwirtschaft und Tierpflege mit Arbeiten, die auch an Sonn- und Feiertagen naturnotwendig vorgenommen werden müssen,

b) im Familienhaushalt, wenn der Jugendliche in die häusliche Gemeinschaft aufgenommen ist.

Jeder zweite Sonntag soll, mindestens zwei Sonntage im Monat müssen beschäftigungsfrei bleiben.

Werden Jugendliche am Sonntag beschäftigt, so ist ihnen die Fünf-Tage-Woche durch Freistellung an einem anderen berufsschulfreien Arbeitstag derselben Woche sicherzustellen.

10. Feiertagsruhe (§ 18)

Verbot: Am 24. und 31. Dezember nach 14 Uhr und an gesetzlichen Feiertagen dürfen Jugendliche nicht beschäftigt werden.

Ausnahme: Zulässig ist die Beschäftigung Jugendlicher an den gesetzlichen Feiertagen in der Landwirtschaft und Tierpflege mit Arbeiten, die auch an Sonn- und Feiertagen naturnotwendig vorgenommen werden müssen, ausgenommen am 25. Dezember, am 1. Januar, am ersten Osterfeiertag und am 1. Mai.

Für die Beschäftigung an einem gesetzlichen Feiertag, der auf einen Werktag fällt, ist der Jugendliche an einem anderen berufsschulfreien Arbeitstag derselben oder der folgenden Woche freizustellen.

11. Urlaub (§ 19)

Die Urlaubsdauer wurde verlängert. Der Urlaub beträgt jährlich

a) mindestens 30 Werktage, wenn der Jugendliche noch nicht 16 Jahre alt ist,

b) mindestens 27 Werktage, wenn der Jugendliche noch nicht 17 Jahre alt ist,

c) mindestens 25 Werktage, wenn der Jugendliche noch nicht 18 Jahre alt ist.

Maßgebend ist das Lebensalter zu Beginn des Kalenderjahres.

Der Urlaub soll Berufsschülern in der Zeit der Berufsschulferien gegeben werden. Ist das nicht möglich, so muß für jeden Berufsschultag ein weiterer Urlaubstag gewährt werden. Im übrigen ist nunmehr klargestellt, daß für den Urlaub der Jugendlichen die Grundsätze des Bundesurlaubsgesetzes im wesentlichen heranzuziehen sind. Der volle Urlaubsanspruch wird also erstmalig nach sechsmonatigem Bestehen des Arbeitsverhältnisses erworben.

Für das Jahr 1976 berechnet sich die Urlaubsdauer wie folgt:

4/12 werden von 24 Tagen (Urlaubsdauer nach dem alten Jugendarbeitsschutzgesetz) und

8/12 werden von 30 Tagen, 27 Tagen oder 25 Tagen (nach dem neuen Jugendarbeitsschutzgesetz) gewährt.

Demgemäß beträgt der Erholungsurlaub für Jugendliche im Jahre 1976

a) mindestens 28 Werktage, wenn der Jugendliche zu Beginn des Kalenderjahres noch nicht 16 Jahre alt war,

b) mindestens 26 Werktage, wenn er noch nicht 17 Jahre alt war,

c) mindestens 25 Werktage, wenn er noch nicht 18 Jahre alt war.

Dieser Urlaub, der sich aus altem und neuem Recht zusammensetzt, gilt für diejenigen Jugendlichen, die bereits am 1. Januar 1976 in einem Ausbildungs- bzw. Arbeitsverhältnis standen und auch noch weiterhin beschäftigt werden.

Tritt ein Jugendlicher nach Inkrafttreten des Jugendarbeitsschutzgesetzes (1. Mai 1976) in den Betrieb ein, und zwar zu einer Zeit, in der er noch die sechsmonatige Wartezeit im Jahr 1976 erfüllen kann, dann hat er Anspruch auf den vollen Jahresurlaub ausschließlich nach neuem Recht. Tritt er z. B. erst am 15. Juli ein oder später, steht ihm mangels Erfüllung der Wartezeit nur ein anteiliger Urlaubsanspruch nach neuem Recht zu. Im Ergebnis bemerkenswert ist bei dieser Regelung, daß der Jugendliche, der erst Jahresbeginn im Beschäftigungsverhältnis steht, gegenüber dem Jugendlichen, der bei Inkrafttreten des neuen Jugendarbeitsschutzgesetzes eintrat, für das Jahr 1976 einen geringeren Urlaubsanspruch hat.

12. Ausnahmen in besonderen Fällen (§ 21)

Die Vorschriften über die regelmäßige tägliche und wöchentliche Arbeitszeit (§ 8), Ruhepausen (§ 11), tägliche Freizeit (§ 13), Nachtruhe (§ 14), Fünf-Tage-Woche (§ 15), Samstagsruhe (§ 16), Sonntagsruhe (§ 17), Feiertagsruhe (§ 18) finden keine Anwendung auf die Beschäftigung Jugendlicher mit vorübergehenden und unaufschiebbaren Arbeiten in Notfällen, soweit erwachsene Beschäftigte nicht zur Verfügung stehen. Als Notfall gilt insbesondere auch das Einbringen der Ernte vor einem Unwetter.

Wird in den vorgenannten Fällen über die Arbeitszeit des § 8 hinaus Mehrarbeit geleistet, so ist sie durch entsprechende Verkürzung der Arbeitszeit innerhalb der folgenden drei Wochen auszugleichen.

Die Bezahlung von Mehrarbeit sieht das Gesetz nicht mehr vor.

III. Beschäftigungsverbote und -beschränkungen.

1. Gefährliche Arbeiten (§ 22)

Verbot: Jugendliche dürfen nicht beschäftigt werden

a) mit Arbeiten, die ihre Leistungsfähigkeit übersteigen,

b) mit Arbeiten, bei denen sie sittlichen Gefahren ausgesetzt sind,

c) mit Arbeiten, die mit Unfallgefahren verbunden sind, von denen anzunehmen ist, daß Jugendliche sie wegen mangelnden Sicherheitsbewußtseins oder mangelnder Erfahrung nicht erkennen oder nicht abwenden können,

d) mit Arbeiten, bei denen ihre Gesundheit durch außergewöhnliche Hitze oder Kälte oder starker Nässe gefährdet wird,

e) mit Arbeiten, bei denen sie schädlichen Einwirkungen von Lärm, Erschütterungen, Strahlen oder giftigen, ätzenden oder reizenden Stoffen ausgesetzt sind.

Die Buchstaben c bis e gelten nicht für die Beschäftigung Jugendlicher über 16 Jahre, soweit dies zur Erreichung ihres Ausbildungszieles erforderlich ist und ihr Schutz durch die Aufsicht eines Fachkundigen gewährleistet ist.

2. Akkordarbeit, tempoabhängige Arbeiten (§ 23)

Jugendliche dürfen nicht beschäftigt werden

a) mit Akkordarbeit und sonstigen Arbeiten, bei denen durch ein gesteigertes Arbeitstempo ein höheres Entgelt erzielt werden kann,

b) in einer Arbeitsgruppe mit erwachsenen Arbeitnehmern, die mit Arbeiten nach Buchstabe a beschäftigt werden,

c) mit Arbeiten, bei denen ihr Arbeitstempo nicht nur gelegentlich vorgeschrieben, vorgegeben oder auf andere Weise erzwungen wird.

Buchstabe b gilt nicht für die Beschäftigung Jugendlicher, soweit dies zur Erreichung ihres Ausbildungszieles erforderlich ist oder wenn sie eine Berufsausbildung für diese Beschäftigung abgeschlossen haben und ihr Schutz durch die Aufsicht eines Fachkundigen gewährleistet ist.

IV. Sonstige Pflichten des Arbeitgebers

Menschengerechte Gestaltung der Arbeit (§ 28)

Der Arbeitgeber hat bei der Einrichtung und der Unterhaltung der Arbeitsstätte einschließlich der Maschinen, Werkzeuge und bei der Regelung der Beschäftigung die Vorkehrungen und Maßnahmen zu treffen, die zum Schutze der Jugendlichen gegen Gefahren für Leben und Gesundheit sowie zur Vermeidung einer Beeinträchtigung der körperlichen oder seelisch-geistigen Entwicklung der Jugendlichen erforderlich sind.

Unterweisung über Gefahren (§ 29)

Der Arbeitgeber hat die Jugendlichen vor Beginn der Beschäftigung über die Unfall- und Gesundheitsgefahren, denen sie bei der Beschäftigung ausgesetzt sind, sowie über die Einrichtungen und Maßnahmen zur Abwendung dieser Gefahren zu unterweisen. Er hat die Jugendlichen vor der erstmaligen Beschäftigung an Maschinen oder gefährlichen Arbeitsstellen oder mit Arbeiten, bei denen sie mit gesund-

heitgefährdenden Stoffen in Berührung kommen, über die besonderen Gefahren dieser Arbeiten sowie über das bei ihrer Verrichtung erforderliche Verhalten zu unterweisen. Die Unterweisungen sind in angemessenen Zeitabständen, mindestens aber halbjährlich, zu wiederholen.

3. Häusliche Gemeinschaft (§ 30)

Hat der Arbeitgeber einen Jugendlichen in die häusliche Gemeinschaft aufgenommen, so muß er ihm eine Unterkunft zur Verfügung stellen und dafür sorgen, daß sie so beschaffen und belegt ist, daß die Gesundheit des Jugendlichen nicht beeinträchtigt wird. Er hat dem Jugendlichen ferner bei einer Erkrankung, jedoch nicht über die Beendigung der Beschäftigung hinaus, die erforderliche Pflege und ärztliche Behandlung zuteil werden zu lassen, soweit diese nicht von einem Sozialversicherungsträger gewährleistet wird.

4. Züchtigungsverbot, Verbot der Abgabe von Alkohol und Tabak (§ 31)

Wer Jugendliche beschäftigt oder beaufsichtigt oder ausbildet darf sie nicht körperlich züchtigen. Wer Jugendliche beschäftigt, muß sie vor körperlicher Züchtigung oder Mißhandlung und vor sittlicher Gefährdung durch andere an ihm Beschäftigte und durch Mitglieder seines Haushaltes an der Arbeitsstätte und in seinem Haus schützen.

Er darf Jugendlichen unter 16 Jahren keine alkoholischen Getränke und Tabakwaren, Jugendlichen über 16 Jahre keinen Branntwein geben.

V. Gesundheitliche Betreuung

1. Erstuntersuchung (§ 32)

Ein Jugendlicher, der in das Berufsleben eintritt, darf nur beschäftigt werden, wenn

a) er innerhalb der letzten neun Monate von einem Arzt untersucht worden ist (Erstuntersuchung) und

b) dem Arbeitgeber eine von diesem Arzt ausgestellte Bescheinigung vorliegt.

Dies gilt nicht für eine nur geringfügige oder eine nicht länger als zwei Monate dauernde Beschäftigung mit leichten Arbeiten, von denen keine gesundheitlichen Nachteile für den Jugendlichen zu befürchten sind.

2. Nachuntersuchungen (§ 33)

Ein Jahr nach Aufnahme der ersten Beschäftigung hat sich der Arbeitgeber die Bescheinigung eines Arztes darüber vorlegen zu lassen, daß der Jugendliche nachuntersucht worden ist (erste Nachuntersuchung). Die Nachuntersuchung darf nicht länger als drei Monate zurückliegen. Der Arbeitgeber soll den Jugendlichen neun Monate nach Aufnahme der ersten Beschäftigung nachdrücklich auf den Zeitpunkt, bis zu dem der Jugendliche ihm die ärztliche Bescheinigung vorzulegen hat, hinweisen und ihn auffordern, die Nachuntersuchung bis dahin durchführen zu lassen.

Legt der Jugendliche die Bescheinigung nicht nach Ablauf eines Jahres vor, hat ihn der Arbeitgeber innerhalb eines Monats unter Hinweis auf das Beschäftigungsverbot nach Absatz 3 schriftlich aufzufordern, ihm die Bescheinigung vorzulegen. Eine Durchschrift des Aufforderungsschreibens hat der Arbeitgeber dem Personensorgeberechtigten, dem Betriebs- oder Personalrat und der Aufsichtsbehörde zuzusenden.

Der Jugendliche darf nach Ablauf von 14 Monaten nach Aufnahme der ersten Beschäftigung nicht weiter beschäftigt werden, so lange er die Bescheinigung nicht vorgelegt hat. Nach Ablauf jedes weiteren Jahres nach der ersten Nachuntersuchung kann sich der Jugendliche erneut nachuntersuchen lassen.

3. Wechsel des Arbeitgebers (§ 36)

Wechselt der Jugendliche den Arbeitgeber, so darf ihn der neue Arbeitgeber erst beschäftigen, wenn ihm die Bescheinigung über die Erstuntersuchung und, falls seit der Aufnahme der Beschäftigung ein Jahr vergangen ist, die Bescheinigung über die erste Nachuntersuchung vorliegen.

4. Bescheinigung mit Gefährdungsvermerk (§§ 39, 40)

Der Arzt hat eine für den Arbeitgeber bestimmte Bescheinigung darüber auszustellen, daß die Untersuchung stattgefunden hat und darin die Arbeiten zu vermerken, durch deren Ausführung er die Gesundheit oder die Entwicklung des Jugendlichen für gefährdet hält.

Enthält die Bescheinigung des Arztes einen Vermerk über Arbeiten, durch deren Ausführung er die Gesundheit oder die Entwicklung des Jugendlichen für gefährdet hält, so darf der Jugendliche mit solchen Arbeiten nicht beschäftigt werden.

5. **Aufbewahren der ärztlichen Bescheinigungen (§ 41)**

Der Arbeitgeber hat die ärztlichen Bescheinigungen bis zur Beendigung der Beschäftigung, längstens jedoch bis zur Vollendung des 18. Lebensjahres des Jugendlichen aufzubewahren und der Aufsichtsbehörde sowie der Berufsgenossenschaft auf Verlangen zur Einsicht vorzulegen oder einzusenden.

Scheidet der Jugendliche aus dem Beschäftigungsverhältnis aus, so hat ihm der Arbeitgeber die Bescheinigungen auszuhändigen.

6. **Freistellung für Untersuchungen (§ 43)**

Der Arbeitgeber hat den Jugendlichen ohne Entgeltausfall für die Durchführung der ärztlichen Untersuchungen nach diesem Abschnitt freizustellen.

7. **Die Kosten der Untersuchung** trägt das Land (§ 44).

D. DURCHFÜHRUNG DES GESETZES

I. Aushänge und Verzeichnisse

1. **Bekanntgabe des Gesetzes und der Aufsichtsbehörde (§ 47)**

Arbeitgeber, die regelmäßig einen Jugendlichen beschäftigen, haben einen Abdruck dieses Gesetzes und die Anschrift der zuständigen Aufsichtsbehörde (Gewerbeaufsichtsämter) an geeigneter Stelle im Betrieb zur Einsicht auszulegen oder auszuhängen.

2. **Aushang über Arbeitszeit und Pausen (§ 48)**

Arbeitgeber, die regelmäßig mindestens drei Jugendliche beschäftigen, haben einen Aushang über Beginn und Ende der regelmäßigen täglichen Arbeitszeit und der Pausen der Jugendlichen an geeigneter Stelle im Betrieb anzubringen.

3. **Verzeichnis der Jugendlichen (§ 49)**

Arbeitgeber haben Verzeichnisse der bei ihnen beschäftigten Jugendlichen unter Angabe des Vor- und Familiennamens,

des Geburtsdatums und der Wohnanschrift zu führen, in denen das Datum des Beginns der Beschäftigung bei ihnen enthalten ist.

4. **Auskunft, Vorlage der Verzeichnisse (§ 50)**

Der Arbeitgeber ist verpflichtet, der Aufsichtsbehörde auf Verlangen die zur Erfüllung ihrer Aufgaben erforderlichen Angaben wahrheitsgemäß und vollständig zu machen, sowie die Verzeichnisse gemäß § 49, die Unterlagen, aus denen Name, Beschäftigungsart und -zeiten der Jugendlichen sowie Lohn- und Gehaltszahlungen ersichtlich sind, und alle sonstigen Unterlagen zur Einsicht vorzulegen oder einzusenden.

Die Verzeichnisse und Unterlagen sind mindestens bis zum Ablauf von zwei Jahren nach der letzten Eintragung aufzubewahren.

II. Straf- und Bußgeldvorschriften (§§ 58—60)

§ 58 enthält die schweren Verstöße gegen das Jugendarbeitsschutzgesetz, die je nach Art des Verstoßes Ordnungswidrigkeit oder Straftat sein können. Eine Ordnungswidrigkeit gemäß § 58 kann mit einer Geldbuße bis zu 20 000,— DM geahndet werden. Bei Vergehen werden Strafen ausgesprochen.

Bei vorsätzlichem Handeln kann auf Freiheitsstrafe bis zu 1 Jahr oder Geldstrafe erkannt werden.

Bei Fahrlässigkeit kann auf Freiheitsstrafe bis zu 6 Monaten oder Geldstrafe erkannt werden.

Bei leichteren Verstößen (Ordnungswidrigkeiten gemäß § 59) können Geldbußen bis zu DM 5 000,— verhängt werden.

III. Schlußvorschriften

In den Schlußvorschriften wird unter anderem das Berufsbildungsgesetz geändert. Die in § 63 vorgenommene Änderung des Berufsbildungsgesetzes bezieht sich auf die Eintragungsvorschriften für den Ausbildungsvertrag. Die Voraussetzungen für die Eintragung wurden erweitert um die Vorlage der ärztlichen Bescheinigung über die Erstuntersuchung nach § 32, Satz 1. Weiterhin ist die Eintragung nunmehr zu löschen, wenn die ärztliche Bescheinigung über die erste Nachuntersuchung gemäß § 33, Absatz 1, nicht spätestens am Tage der Anmeldung des Auszubildenden zur Zwischenprüfung zur Einsicht vorgelegt und der Mangel nicht innerhalb einer gesetzten Frist behoben ist.

§ 72 bestimmt den 1. Mai 1976 als Zeitpunkt des Inkrafttretens des neuen Jugendarbeitsschutzgesetzes. Zum gleichen Zeitpunkt trat das alte Jugendarbeitsschutzgesetz außer Kraft.

Tierzuchtgesetz

Zum Grundwissen des Pferdewirtes gehören einige Gesetze, die zwar nicht den Reitsport betreffen, aber Zucht und Haltung berühren bzw. regeln. Für den Pferdewirt mit Schwerpunkt Zucht und Haltung ist die Kenntnis des Tierzuchtgesetzes ausschlaggebend. Der Züchter, der planvoll auf Leistung züchtet, die Gesetzmäßigkeit der Vererbung einkalkuliert und nach besten physiologischen Erkenntnissen seine Jungtiere aufzieht, der bedarf keiner gesetzlichen Steuerung; er befolgt von sich aus alle Regeln, die zum Produkt »Leistungspferd« führen. Das Tierzuchtgesetz regelt die Verwendung von Vatertieren im züchterischen Einsatz, sowohl auf dem Gebiete der Landeszucht wie auch in der speziellen Stutbuchzucht. Das neue Gesetz, das mit Wirkung vom 1. Januar 1977 in Kraft getreten ist, bringt dem heutigen Zuchtgeschehen großzügiges Denken entgegen. Die Erteilung von Bränden und Abstammungsnachweisen obliegt nach wie vor den Züchter-Verbänden, die ihre eigenen Satzungen beschließen. Nachstehend der Gesetzestext, der allerdings auch andere Tiergattungen berücksichtigt:

Tierzuchtgesetz (TierZG)

Vom 20. April 1976

Der Bundestag hat mit Zustimmung des Bundesrates das folgende Gesetz beschlossen:

Erster Abschnitt
Allgemeine Bestimmungen

§ 1
Zweck des Gesetzes

Zweck dieses Gesetzes ist es, im züchterischen Bereich die tierische Erzeugung so zu fördern, daß

1. die Leistungsfähigkeit der Tiere erhalten und verbessert wird,

2. die Wirtschaftlichkeit der tierischen Erzeugung erhöht wird und

3. die von den Tieren gewonnenen Erzeugnisse den an sie gestellten qualitativen Anforderungen entsprechen.

§ 2
Anwendungsbereich, Begriffsbestimmungen

(1) Dieses Gesetz gilt für die Zuchtverwendung von Bullen, Ebern, Schafböcken und Hengsten (männliche Tiere).

(2) Im Sinne dieses Gesetzes sind

1. Zuchtverwendung: die Verwendung männlicher Tiere zum Decken; als Zuchtverwendung eines männlichen Tieres gilt auch die Verwendung seines Samens zur künstlichen Besamung;

2. Zuchtwert: der erbliche Einfluß von Tieren auf die Wirtschaftlichkeit ihrer Nachkommen; er wird mit Hilfe von Leistungsprüfungen sowie der Beurteilung der äußeren Erscheinung festgestellt;

3. Leistungsprüfung: ein Verfahren zur Ermittlung der Leistungen von Tieren im Rahmen der Feststellung des Zuchtwertes männlicher Tiere;

4. Züchtervereinigung: ein körperschaftlicher Zusammenschluß von Züchtern zur Förderung der Tierzucht;

5. Zuchtbuch: ein von einer anerkannten Züchtervereinigung geführtes Register der Zuchttiere zu ihrer Identifizierung und zum Nachweis ihrer Abstammung und ihrer Leistungen;

6. Abstammungsnachweis: eine von einer anerkannten Züchtervereinigung ausgestellte Urkunde über die Abstammung eines Tieres;

7. Besamungsstation: eine Haltung männlicher Tiere zur Gewinnung, Behandlung und Abgabe von Samen zur künstlichen Besamung.

(3) Der Bundesminister für Ernährung, Landwirtschaft und Forsten (Bundesminister) wird ermächtigt, durch Rechtsverordnung mit Zustimmung des Bundesrates

1. Ziegenböcke den in Absatz 1 genannten Tieren gleichzustellen, soweit ihre wirtschaftliche Nutzung eine Förderung im Sinne des § 1 erfordert,

2. männliche Tiere bestimmter Rassen, Größen oder ähnlich abgegrenzter Gruppierungen von der Geltung dieses Gesetzes auszunehmen, soweit der in § 1 genannte Zweck hierdurch nicht beeinträchtigt wird.

(4) Die Landesregierungen werden ermächtigt, Rechtsverordnungen nach Absatz 3 Nr. 1 zu erlassen, soweit der Bundesminister von seiner Befugnis keinen Gebrauch macht.

§ 3
Zuchtverwendung

(1) Ein männliches Tier darf zum Decken nur verwendet werden, wenn es gekört ist. Ein männliches Tier, für das ein Antrag auf Körung gestellt ist, darf jedoch für Probesprünge verwendet werden, soweit dies zur Feststellung der Deckfähigkeit erforderlich ist.

(2) Samen darf zur künstlichen Besamung nur verwendet werden, wenn das männliche Tier, von dem er stammt, gekört ist und für dieses Tier eine Besamungserlaubnis erteilt ist. § 15 bleibt unberührt.

Zweiter Abschnitt
Körung

§ 4
Antrag auf Körung, Leistungsprüfungen

(1) Mit dem Antrag auf Körung sind der Abstammungsnachweis für das männliche Tier und Nachweise über die Ergebnisse von Leistungsprüfungen des Tieres, seiner Vorfahren oder ihrer Nachkommen beizubringen.

(2) Leistungsprüfungen werden von der zuständigen Behörde oder der von ihr beauftragten Stelle durchgeführt. Mit der Durchführung können auch Halter von Tieren beauftragt werden. Die Ergebnisse

der Leistungsprüfungen sind von der zuständigen Behörde oder der von ihr beauftragten Stelle zu sammeln und auszuwerten. Die zuständige Behörde kann bei der Feststellung des Zuchtwertes auch Ergebnisse anderer Prüfungen zugrunde legen, sofern diese von einer anerkannten Züchtervereinigung oder im Auftrag oder unter Aufsicht einer anerkannten Züchtervereinigung durchgeführt werden und eine einwandfreie Ermittlung der Ergebnisse durch das angewandte Prüfverfahren sichergestellt ist.

(3) Aus dem Abstammungsnachweis muß hervorgehen, daß beide Elternteile in das Zuchtbuch eingetragen sind. Abweichend hiervon müssen bei einem männlichen Tier, das in den Geltungsbereich dieses Gesetzes verbracht worden ist,

1. das Tier und seine Eltern in ein dem Zuchtbuch entsprechendes Register einer im Herkunftsgebiet amtlich anerkannten Zuchtorganisation und

2. das Tier oder seine Eltern in das Zuchtbuch einer im Geltungsbereich dieses Gesetzes zuständigen anerkannten Züchtervereinigung

eingetragen sein. Die Identität des Tieres muß mit Sicherheit festgestellt werden können. Für die Eintragung nach Satz 2 Nr. 2 dürfen keine höheren Anforderungen gestellt werden als für die Eintragung von Tieren, die aus dem Geltungsbereich dieses Gesetzes stammen. Die zuständige Behörde kann auf Antrag Ausnahmen von Satz 2 Nr. 2 zulassen, soweit der in § 1 genannte Zweck hierdurch nicht beeinträchtigt wird.

(4) Der Bundesminister wird ermächtigt, durch Rechtsverordnung mit Zustimmung des Bundesrates,

1. soweit es zur Erfüllung des in § 1 genannten Zweckes erforderlich ist,

a) weitere Anforderungen an den Abstammungsnachweis zu stellen,

b) zu bestimmen, welche Nachweise über die Ergebnisse von Leistungsprüfungen beizubringen sind;

in der Rechtsverordnung kann bestimmt werden, daß die Ergebnisse der Leistungsprüfungen in den Abstammungsnachweis aufzunehmen sind;

2. soweit der in § 1 genannte Zweck nicht beeinträchtigt wird und gewährleistet ist, daß die Führung des Zuchtbuches den Grundsätzen dieses Gesetzes entspricht, zu bestimmen, daß außerhalb des Geltungsbereichs dieses Gesetzes bestehende nicht amtlich anerkannte Zuchtorganisationen als amtlich anerkannte im Sinne des Absatzes 3 Satz 2 Nr. 1 gelten.

§ 5
Körung

(1) Über die Körung entscheidet die zuständige Behörde (Körbehörde), nachdem das männliche Tier auf einer Körveranstaltung beurteilt worden ist.

(2) Die Körveranstaltungen sollen so durchgeführt werden, daß die männlichen Tiere mit einer hinreichend großen Anzahl anderer vorgeführter männ-

licher Tiere verglichen werden können, es sei denn, daß dies zur Vermeidung von Härtefällen oder von Gefahren für die Gesundheit nicht tunlich ist.

(3) Die Körentscheidung lautet „gekört", „nicht gekört" oder „vorläufig nicht gekört". Sie ist von der Körbehörde in den Abstammungsnachweis einzutragen.

(4) Ein männliches Tier wird gekört, wenn es
1. die nach § 6 Abs. 1 Nr. 1 Buchstabe b festgesetzten Anforderungen hinsichtlich seines Zuchtwertes erfüllt,
2. keine Erscheinungen zeigt, nach denen seine Zuchttauglichkeit beeinträchtigt ist, und
3. das vorgeschriebene Mindestalter erreicht hat.

(5) Die Körentscheidung lautet „vorläufig nicht gekört", wenn das männliche Tier die Anforderungen nach Absatz 4 Nr. 1 und 2 nicht erfüllt, wenn jedoch zu erwarten ist, daß es sie künftig erfüllen wird. In der Körentscheidung ist eine Frist festzusetzen, bis zu deren Ablauf das Tier wieder zur Körung vorgestellt werden kann.

(6) Die zuständige anerkannte Züchtervereinigung hat die Körentscheidung in das Zuchtbuch einzutragen. Jeder Auszug aus dem Zuchtbuch muß alle Körentscheidungen für das betreffende männliche Tier enthalten.

(7) Die Körung ist zurückzunehmen, wenn eine Voraussetzung für ihre Erteilung nicht vorgelegen hat. Die Körung ist zu widerrufen, wenn eine dieser Voraussetzungen nachträglich weggefallen ist. Sie kann widerrufen werden, wenn mit ihr eine Auflage (§ 6 Abs. 1 Nr. 2) verbunden ist und der Begünstigte diese nicht oder nicht fristgerecht erfüllt hat. Die Körbehörde trägt die Rücknahme und den Widerruf in den Abstammungsnachweis ein. Absatz 6 gilt entsprechend.

(8) Für ein männliches Tier, für das die Körentscheidung „nicht gekört" lautet oder dessen Körung zurückgenommen oder widerrufen worden ist, ist ein erneuter Antrag auf Körung nur zulässig, wenn der Antragsteller glaubhaft macht, daß der Mangel nicht mehr besteht.

§ 6
Ermächtigungen

(1) Der Bundesminister wird ermächtigt, durch Rechtsverordnung mit Zustimmung des Bundesrates, soweit es zur Erfüllung des in § 1 genannten Zweckes erforderlich ist,
1. a) das Mindestalter der männlichen Tiere für die Körung,
   b) die Anforderungen an die Tiere hinsichtlich ihres Zuchtwertes einschließlich der Genauigkeit der Feststellung,
   c) die Grundsätze für die Feststellung des Zuchtwertes einschließlich der Durchführung der Leistungsprüfungen
festzusetzen;

2. für Tiere bestimmter Rassen und Größen zuzulassen, daß sie ohne vollständige Feststellung des Zuchtwertes gekört werden können; in der Rechtsverordnung kann bestimmt werden, daß die Körung unter Bedingungen erteilt oder mit Auflagen verbunden werden muß, um sicherzustellen, daß die vollständige Feststellung des Zuchtwertes nachgeholt wird.

(2) Die Landesregierungen werden ermächtigt, durch Rechtsverordnung
1. Regelungen nach Absatz 1 Nr. 1 Buchstaben b und c zu treffen, soweit der Bundesminister von seiner Befugnis keinen Gebrauch macht,
2. das Verfahren der Feststellung des Zuchtwertes einschließlich der Durchführung der Leistungsprüfungen näher zu regeln,
3. das Körverfahren einschließlich der Körveranstaltung zu regeln.

§ 7
Meldung

(1) Wer ein männliches Tier außerhalb des Bereichs der Behörde, die es gekört hat, zum Decken verwendet, hat dies unter Vorlage des Abstammungsnachweises der für den Verwendungsort zuständigen Körbehörde zu melden.

(2) Die Landesregierungen werden ermächtigt, durch Rechtsverordnung zu bestimmen, daß die Meldung abweichend von Absatz 1 nur erforderlich ist, wenn jemand ein männliches Tier außerhalb des Landes verwenden will, in dem es gekört wurde, soweit eine solche Regelung ausreicht, die Einhaltung des § 3 Abs. 1 Satz 1 zu überwachen.

Dritter Abschnitt
Züchtervereinigungen

§ 8
Anerkennung

(1) Zuständig für die Anerkennung einer Züchtervereinigung ist die für den Sitz der Züchtervereinigung zuständige Behörde. Erstreckt sich die Tätigkeit einer Züchtervereinigung auf mehrere Länder, so entscheidet die Behörde im Einvernehmen mit den zuständigen Behörden der anderen betroffenen Länder.

(2) Der Antrag auf Anerkennung muß enthalten:
1. den Namen, die Anschrift und die Rechtsform der Züchtervereinigung;
2. Nachweise über ihre Rechtsgrundlage;
3. Angaben über das Zuchtprogramm, aus denen Zuchtziel, Zuchtmethode, Umfang der Zuchtpopulation sowie Art, Umfang und Auswertung der Leistungsprüfungen ersichtlich sind;
4. sofern ein Kreuzungszuchtprogramm durchgeführt wird, Namen, Anschrift und Angaben über den vorgesehenen Tierbestand der am Zucht-

programm beteiligten Betriebe oder Züchter sowie über ihre Aufgaben innerhalb des Zuchtprogramms;

5. auf Verlangen der zuständigen Behörde sonstige für die Beurteilung der Züchtervereinigung notwendige Unterlagen.

(3) Soweit es für die Entscheidung über den Antrag erforderlich ist, kann die Behörde nach Anhörung des Antragstellers und auf dessen Kosten wissenschaftliche Gutachten über die Eignung des Zuchtprogramms einholen.

(4) Voraussetzung für die Anerkennung ist, daß

1. das Zuchtprogramm geeignet ist, die tierische Erzeugung im Sinne des § 1 zu fördern;

2. eine für die Durchführung des Zuchtprogramms hinreichend große Zuchtpopulation vorhanden ist;

3. das für eine einwandfreie züchterische Arbeit erforderliche Personal und die hierfür erforderlichen Einrichtungen vorhanden sind;

4. sichergestellt ist, insbesondere hinsichtlich der personellen und technischen Voraussetzungen, daß

a) die Tiere dauerhaft so gekennzeichnet werden, daß ihre Identität mit Sicherheit festgestellt werden kann,

b) das Zuchtbuch ordnungsgemäß geführt wird und

c) jedes Tier, das die Anforderungen für seine Eintragung erfüllt, in das Zuchtbuch eingetragen wird und für die Eintragung der in den Geltungsbereich dieses Gesetzes verbrachten Tiere keine höheren Anforderungen gestellt werden als für die Eintragung von Tieren, die aus dem Geltungsbereich dieses Gesetzes stammen;

5. nach der Rechtsgrundlage der Züchtervereinigung jeder Züchter in ihrem sachlichen und räumlichen Tätigkeitsbereich, der die Voraussetzungen einwandfreier züchterischer Arbeit erfüllt, ein Recht auf Mitgliedschaft hat oder auf dem Gebiet der Vollblutzucht und Traberzucht zumindest die Möglichkeit hat, die von ihm gezüchteten Pferde in das Zuchtbuch eintragen und an den Leistungsprüfungen teilnehmen zu lassen sowie Abstammungsnachweise zu erhalten.

(5) Soweit es zur Erfüllung des in § 1 genannten Zweckes erforderlich ist, kann die Anerkennung auf bestimmte Rassen oder Gebiete oder in sonstiger Weise inhaltlich beschränkt und mit Auflagen verbunden werden.

(6) Die zuständige Behörde kann einen Betrieb oder mehrere vertraglich verbundene Betriebe, die ein Kreuzungszuchtprogramm zur Ausnutzung der Kombinationseignung der Tiere betreiben wollen oder betreiben (Zuchtunternehmen), anerkennen. Die Absätze 1 bis 5 gelten für Absatz 4 Nr. 5 entsprechend. Ein anerkanntes Zuchtunternehmen steht in der Anwendung dieses Gesetzes außer Absatz 4 Nr. 5 einer anerkannten Züchtervereinigung gleich.

§ 9
Ermächtigungen

(1) Der Bundesminister wird ermächtigt, durch Rechtsverordnung mit Zustimmung des Bundesrates soweit es zur Erfüllung des in § 1 genannten Zweckes erforderlich ist,

1. Anforderungen

a) an die Größe der Zuchtpopulation,

b) an Personal und Einrichtung der Züchtervereinigung oder des Zuchtunternehmens,

c) an die Kennzeichnung der Tiere sowie an die Gestaltung und Führung des Zuchtbuches

festzusetzen und

2. das Verfahren der Anerkennung näher zu regeln

(2) Die Landesregierungen werden ermächtigt Rechtsverordnungen nach Absatz 1 zu erlassen, soweit der Bundesminister von seiner Befugnis keinen Gebrauch macht.

§ 10
Vorläufige Anerkennung

(1) Eine Züchtervereinigung kann vorläufig anerkannt werden, wenn sie die Voraussetzungen nach § 8 Abs. 4 Nr. 2 und 3 noch nicht in vollem Umfang erfüllt. Die vorläufige Anerkennung ist auf längstens fünf Jahre zu befristen. Sie kann unter Bedingungen erteilt und einmal verlängert werden.

(2) Die zuständige Behörde kann weitere Nachweise, insbesondere über die Dauer der Entwicklungsphase des Zuchtprogramms, verlangen. Die §§ 8 und 9 gelten im übrigen entsprechend.

§ 11
Änderungen des Zuchtprogramms

Änderungen des Zuchtprogramms einer anerkannten Züchtervereinigung bedürfen der Zustimmung der zuständigen Behörde. Die Zustimmung gilt als erteilt, wenn die Behörde sich nicht innerhalb eines Monats nach Mitteilung der Änderung hierzu äußert.

§ 12
Ende der Anerkennung

(1) Die Anerkennung endet zehn Jahre nach Ablauf des Jahres, in dem sie erteilt wurde; sie kann erneut erteilt werden. Im Einzelfall kann eine kürzere Dauer der Anerkennung festgesetzt werden.

(2) Die Anerkennung ist zurückzunehmen, wenn eine Voraussetzung für ihre Erteilung nicht vorgelegen hat. Die Anerkennung ist zu widerrufen, wenn

1. eine dieser Voraussetzungen nachträglich weggefallen ist oder

2. die Züchtervereinigung aus sonstigen Gründen nicht die Gewähr für eine einwandfreie züchterische Arbeit bietet.

Die Anerkennung kann widerrufen werden, wenn

1. mit ihr eine Auflage verbunden ist und die Züchtervereinigung diese nicht oder nicht fristgerecht erfüllt hat,

2. die Züchtervereinigung von dem angegebenen Zuchtprogramm ohne Zustimmung der zuständigen Behörde abweicht oder

3. die Züchtervereinigung den Vorschriften dieses Gesetzes oder einer auf Grund dieses Gesetzes erlassenen Rechtsverordnung wiederholt oder grob zuwiderhandelt.

Der Widerruf ist nur zulässig, wenn dem Mangel nicht innerhalb einer von der zuständigen Behörde gesetzten angemessenen Frist abgeholfen worden ist.

Vierter Abschnitt
Besamungserlaubnis

§ 13
Antrag auf Besamungserlaubnis

(1) Einen Antrag auf Besamungserlaubnis kann nur eine Besamungsstation stellen.

(2) Dem Antrag sind beizufügen:

1. a) der Abstammungsnachweis für das Tier und

   b) das Ergebnis einer Blutgruppenbestimmung für das Tier;

2. eine frühestens drei Wochen vor der Antragstellung ausgestellte Bescheinigung eines Amtstierarztes oder Fachtierarztes für Zuchthygiene und Besamung, aus der hervorgeht, daß das männliche Tier

   a) frei von Erscheinungen solcher Krankheiten ist, die durch den Samen übertragen werden können, und

   b) frei von Erscheinungen ist, die den Ausbruch einer derartigen Krankheit befürchten lassen;

3. eine Bescheinigung eines öffentlichen tierärztlichen Instituts, wonach die Untersuchung der von dem Tier entnommenen

   a) Samenproben und

   b) sonstigen Proben

ergeben hat, daß keine der durch Rechtsverordnung nach Absatz 3 Nr. 2 zu bestimmenden übertragbaren Krankheiten vorliegen. Die Proben dürfen nicht früher als fünf Wochen vor der Antragstellung genommen worden sein. Dies muß aus der Bescheinigung hervorgehen.

(3) Der Bundesminister wird ermächtigt, durch Rechtsverordnung mit Zustimmung des Bundesrates zu bestimmen,

1. welche sonstigen Proben,

2. auf welche übertragbaren Krankheiten die Proben und

3. nach welchen Methoden die Proben

nach Absatz 2 Nr. 3 zu untersuchen sind und welche Untersuchungen für die Ausstellung der Bescheinigung nach Absatz 2 Nr. 2 durchzuführen sind.

§ 14
Besamungserlaubnis

(1) Die zuständige Behörde erteilt die Besamungserlaubnis, wenn der Zuchtwert des männlichen Tieres über dem durchschnittlichen Zuchtwert vergleichbarer Tiere liegt und das Tier die nach Absatz 5 Nr. 1 festgesetzten zusätzlichen Anforderungen erfüllt.

(2) Die Besamungserlaubnis ist zu befristen; sie kann auf eine bestimmte Zahl und auf bestimmte Rassen der zu besamenden Tiere, auf bestimmte Gebiete oder in sonstiger Weise inhaltlich beschränkt, unter Bedingungen erteilt und mit Auflagen verbunden werden.

(3) Die Besamungserlaubnis kann auch für abgegangene oder zur Samengewinnung nicht mehr verwendete Tiere erteilt werden. In diesem Fall dürfen die Bescheinigungen nach § 13 Abs. 2 Nr. 2 frühestens drei Wochen vor Beginn der Samengewinnung ausgestellt worden sein. Die Proben nach § 13 Abs. 2 Nr. 3 dürfen nicht früher als fünf Wochen vor dem Beginn der Samengewinnung gewonnen worden sein; dies muß aus der Bescheinigung hervorgehen. Die Bescheinigungen gelten für den Zeitraum, in dem das Tier ohne Unterbrechung einer veterinärhygienischen Überwachung durch eine Besamungsstation unterlegen hat. Sie sind nicht erforderlich, wenn im Zeitpunkt der Samengewinnung bereits eine Besamungserlaubnis bestand.

(4) Die Besamungserlaubnis ist zurückzunehmen, wenn eine Voraussetzung zu ihrer Erteilung nicht vorgelegen hat. Die Besamungserlaubnis ist zu widerrufen, wenn eine dieser Voraussetzungen nachträglich weggefallen ist. Sie kann widerrufen werden, wenn sie eine inhaltliche Beschränkung enthält oder mit ihr eine Auflage verbunden ist und der Begünstigte diese Beschränkung nicht einhält oder diese Auflage nicht oder nicht fristgerecht erfüllt.

(5) Die Landesregierungen werden ermächtigt, durch Rechtsverordnung, soweit es zur Erfüllung des in § 1 genannten Zweckes erforderlich ist,

1. zusätzliche Anforderungen an die Tiere hinsichtlich ihres Zuchtwertes festzusetzen,

2. das Verfahren der Erteilung der Besamungserlaubnis zu regeln; sie können dabei auch vorschreiben, daß das Tier der zuständigen Behörde vorzuführen ist.

§ 15
Verwendung von eingeführtem Samen

(1) Die Verwendung von Samen, der in den Geltungsbereich dieses Gesetzes verbracht worden ist, bedarf der Genehmigung der zuständigen Behörde.

(2) Die Genehmigung wird erteilt, wenn

1. der Zuchtwert des Tieres, von dem der Samen stammt, über dem durchschnittlichen Zuchtwert vergleichbarer Tiere liegt,

2. das Tier und seine Eltern in ein dem Zuchtbuch entsprechendes Register einer im Herkunftsgebiet amtlich anerkannten Zuchtorganisation eingetragen sind,

3. das Tier oder seine Eltern in das Zuchtbuch einer im Geltungsbereich dieses Gesetzes anerkannten zuständigen Züchtervereinigung eingetragen sind und

4. für das Tier das Ergebnis einer Blutgruppenbestimmung vorliegt.

Die zuständige Behörde kann auf Antrag Ausnahmen von Satz 1 Nr. 3 und 4 zulassen, soweit hierfür ein Bedürfnis besteht und der in § 1 genannte Zweck hierdurch nicht beeinträchtigt wird.

(3) § 4 Abs. 3 Satz 4 und Abs. 4 Nr. 2, § 13 Abs. 1 und § 14 Abs. 2 und 4 gelten entsprechend.

§ 16

Geltungsbereich von Verwaltungsakten

Die Besamungserlaubnis sowie die Genehmigung zur Verwendung von Samen nach § 15 gelten nur für den Zuständigkeitsbereich der Behörde, die die Erlaubnis oder Genehmigung erteilt hat, sofern nicht die Landesregierung durch Rechtsverordnung etwas anderes bestimmt.

Fünfter Abschnitt

Besamungsstationen, Besamungsbeauftragte

§ 17

Besamungsstationen

(1) Wer eine Besamungsstation betreiben will, bedarf vor Beginn des Betriebs der Erlaubnis.

(2) Die zuständige Behörde erteilt auf Antrag die Erlaubnis, wenn

1. das für einen ordnungsgemäßen Betrieb erforderliche geeignete Personal und die hierfür erforderlichen geeigneten Räume, Einrichtungen und Geräte vorhanden sind,

2. ein Tierarzt den Betrieb tierärztlich-fachtechnisch leitet (Stationstierarzt) oder die Wahrnehmung der tierärztlich-fachtechnischen Aufgaben durch einen vertraglich an die Besamungsstation gebundenen Tierarzt (Vertragstierarzt) gewährleistet ist,

3. die Einhaltung der notwendigen seuchenhygienischen Anforderungen sichergestellt ist und

4. sichergestellt ist, insbesondere hinsichtlich der personellen und technischen Voraussetzungen, daß einwandfreie Aufzeichnungen nach § 18 Abs. 3 Satz 1 gemacht werden.

(3) Die Erlaubnis kann mit Auflagen verbunden werden.

(4) Die Absätze 1 bis 3 gelten entsprechend für Tierhaltungen,

1. in denen Samen gewonnen und ausschließlich zur Besamung von Tieren im eigenen Bestand verwendet wird,

2. in denen im Rahmen staatlich beaufsichtigter Leistungsprüfungen Samen gewonnen und an Besamungsstationen geliefert wird.

(5) Die Erlaubnis ist zurückzunehmen, wenn eine Voraussetzung für ihre Erteilung nicht vorgelegen hat. Die Erlaubnis ist zu widerrufen, wenn

1. eine Voraussetzung für ihre Erteilung nachträglich weggefallen ist oder

2. die Besamungsstation oder die Tierhaltung nach Absatz 4 nicht die Gewähr für eine ordnungsgemäße Gewinnung, Behandlung und Abgabe von Samen bietet.

Die Erlaubnis kann widerrufen werden, wenn

1. mit ihr eine Auflage verbunden ist und der Begünstigte diese nicht oder nicht fristgerecht erfüllt hat oder

2. die Besamungsstation oder die Tierhaltung nach Absatz 4 den Vorschriften dieses Gesetzes oder einer auf Grund dieses Gesetzes erlassenen Rechtsverordnung wiederholt oder grob zuwiderhandelt.

Der Widerruf ist nur zulässig, wenn dem Mangel nicht innerhalb einer von der zuständigen Behörde gesetzten angemessenen Frist abgeholfen worden ist.

§ 18

Inverkehrbringen von Samen

(1) Samen darf nur an oder von Besamungsstationen in Verkehr gebracht werden.

(2) Besamungsstationen dürfen

1. Samen nur liefern an

a) Tierhalter, Gemeinden, Gemeindeverbände und anerkannte Züchtervereinigungen,

b) Besamungsstationen;

2. Samen, der für Empfänger nach Nummer 1 Buchstabe a bestimmt ist, nur ausliefern an

a) Tierärzte oder Besamungsbeauftragte; diese dürfen den Samen nur im Auftrag der Besamungsstation zur künstlichen Besamung in Tierbeständen der Empfänger nach Nummer 1 Buchstabe a zu verwenden,

b) Tierhalter zur Besamung von Tieren im eigenen Bestand, wenn der Tierhalter oder einer seiner Betriebsangehörigen an einem Kurzlehrgang über künstliche Besamung mit Erfolg teilgenommen hat.

Dies gilt nicht für das Verbringen von Samen in Gebiete außerhalb des Geltungsbereichs dieses Gesetzes.

(3) Wer eine Besamungsstation betreibt, hat über Gewinnung, Aufbereitung, Überprüfung während der Aufbewahrung, Abgabe und Verwendung des Samens Aufzeichnungen zu machen. Dies gilt entsprechend für denjenigen,

1. der eine Tierhaltung nach § 17 Abs. 4 betreibt oder

2. dem eine Besamungsstation Samen ausliefert.

(4) Die Landesregierungen werden ermächtigt, durch Rechtsverordnung, soweit es zur Sicherstel-

lung einer ordnungsgemäßen Besamung erforderlich ist, Vorschriften zu erlassen über

1. die Voraussetzungen, unter denen Samen nach Absatz 2 Satz 1 Nr. 1 geliefert werden darf, wobei auch bestimmt werden kann, daß Samen nur auf Grund einer Mitgliedschaft oder eines Besamungsvertrages geliefert werden darf;

2. die Voraussetzungen, unter denen Samen nach Absatz 2 Satz 1 Nr. 2 ausgeliefert werden darf, wobei auch bestimmt werden kann, daß Samen nur auf Grund eines Vertrages ausgeliefert werden darf;

3. Form und Mindestinhalt der Verträge nach den Nummern 1 und 2;

4. Pflichten, die den Personen auferlegt werden können, an die Samen nach Absatz 2 Satz 1 Nr. 2 ausgeliefert werden darf;

5. die Einrichtung und den Betrieb einer Besamungsstation;

6. die Behandlung einschließlich der Beförderung von Samen;

7. die Art, den Inhalt, den Umfang, die Aufbewahrung und die Auswertung der in Absatz 3 geforderten Aufzeichnungen;

8. die Kennzeichnung der zu besamenden Tiere und ihrer Nachkommen sowie das Verbot der Besamung nicht gekennzeichneter Tiere;

9. die Schutzmaßnahmen gegen Samenverwechslungen.

§ 19
Besamungsbeauftragter

(1) Als Besamungsbeauftragter darf nur tätig sein, wer mit Erfolg an einem Lehrgang über künstliche Besamung teilgenommen hat.

(2) Der Bundesminister wird ermächtigt, durch Rechtsverordnung mit Zustimmung des Bundesrates die für eine ordnungsgemäße Berufsausübung erforderlichen Vorschriften über Zulassungsvoraussetzungen, Anforderungen, Dauer und Abschluß der Lehrgänge sowie der Kurzlehrgänge nach § 18 Abs. 2 Satz 1 Nr. 2 Buchstabe b zu erlassen.

(3) Die Landesregierungen werden ermächtigt, durch Rechtsverordnung Prüfungsordnungen für die Lehrgänge und die Kurzlehrgänge zu erlassen.

Sechster Abschnitt
Gemeindliche Vatertierhaltung, Durchführung des Gesetzes, Ausnahmen, Bußgeldvorschriften

§ 20
Gemeindliche Vatertierhaltung

Die Landesregierungen können durch Rechtsverordnung bestimmen, daß die Gemeinden dafür zu sorgen haben, daß die für das Decken der vorhandenen weiblichen Tiere erforderliche Zahl gekörter männlicher Tiere zur Verfügung steht oder die weiblichen Tiere künstlich besamt werden können.

§ 21
Übertragungsbefugnis

Soweit in diesem Gesetz die Landesregierungen zum Erlaß von Rechtsverordnungen ermächtigt werden, können sie diese Befugnis durch Rechtsverordnung auf oberste Landesbehörden übertragen.

§ 22
Ausnahmen

Die zuständige Behörde kann auf Antrag Ausnahmen von den Vorschriften dieses Gesetzes oder der nach diesem Gesetz erlassenen Rechtsverordnungen zulassen

1. für Forschungsarbeiten in wissenschaftlichen Einrichtungen und in Betrieben, die für diese Einrichtungen Versuche durchführen;

2. für sonstige Versuchszwecke, soweit es mit dem in § 1 genannten Zweck vereinbar ist;

3. im Rahmen eines Kreuzungszuchtprogramms einer anerkannten Züchtervereinigung
   a) für die Entwicklung von Zuchtlinien,
   b) für die erstmalige Prüfung von Tieren aus verschiedenen Zuchtlinien auf Eignung und
   c) für die Vermehrung von Tieren innerhalb von Zuchtlinien bis zum Vorliegen des Ergebnisses der Feststellung des Zuchtwertes.

§ 23
Überwachung

(1) Die Einhaltung der Vorschriften dieses Gesetzes, der auf Grund dieses Gesetzes erlassenen Rechtsverordnungen und der erteilten Auflagen werden durch die zuständige Behörde überwacht.

(2) Die anerkannten Züchtervereinigungen und die mit der Durchführung der Leistungsprüfungen beauftragten Stellen werden in züchterischer Hinsicht, die Besamungsstationen in züchterischer und veterinärhygienischer Hinsicht von der zuständigen Behörde überwacht.

(3) Natürliche und juristische Personen und nichtrechtsfähige Personenvereinigungen haben der zuständigen Behörde auf Verlangen die Auskünfte zu erteilen, die zur Durchführung der der Behörde durch dieses Gesetz oder auf Grund dieses Gesetzes übertragenen Aufgaben erforderlich sind.

(4) Personen, die von der zuständigen Behörde beauftragt sind, dürfen unter Einhaltung der für den Betrieb geltenden veterinärhygienischen Regelungen im Rahmen der Absätze 1 bis 3 Betriebsgrundstücke, Betriebsräume sowie betrieblich genutzte Stallungen und Transportmittel des Auskunftspflichtigen während der Geschäfts- oder Betriebszeit betreten und dort

1. Besichtigungen und Untersuchungen vornehmen sowie Blutproben und sonstige Proben entnehmen und

2. Zuchtunterlagen und, soweit es zur Durchführung des Gesetzes erforderlich ist, geschäftliche Unterlagen einsehen.

Der Auskunftspflichtige hat die Maßnahmen nach Satz 1 zu gestatten, die Zuchtunterlagen und die geschäftlichen Unterlagen vorzulegen sowie die männlichen Tiere vorzuführen.

(5) Der Auskunftspflichtige kann die Auskunft auf solche Fragen verweigern, deren Beantwortung ihn selbst oder einen der in § 383 Abs. 1 Nr. 1 bis 3 der Zivilprozeßordnung bezeichneten Angehörigen der Gefahr strafgerichtlicher Verfolgung oder eines Verfahrens nach dem Gesetz über Ordnungswidrigkeiten aussetzen würde.

§ 24
Bußgeldvorschriften

(1) Ordnungswidrig handelt, wer vorsätzlich oder fahrlässig

1. entgegen § 3 Abs. 1 Satz 1 ein nicht gekörtes Tier zum Decken oder entgegen § 3 Abs. 2 Satz 1 Samen eines Tieres, für das eine Besamungserlaubnis nicht erteilt ist, zur künstlichen Besamung verwendet;

2. entgegen § 7 Abs. 1 die Meldung nicht erstattet oder den Abstammungsnachweis nicht vorlegt;

3. einer vollziehbaren Auflage nach § 8 Abs. 5, § 14 Abs. 2, auch in Verbindung mit § 15 Abs. 3, oder nach § 17 Abs. 3, auch in Verbindung mit Absatz 4, zuwiderhandelt;

4. entgegen § 15 Abs. 1 Samen ohne Genehmigung verwendet;

5. entgegen § 17 Abs. 1 eine Besamungsstation ohne Erlaubnis betreibt;

6. Samen entgegen § 18 Abs. 1 in den Verkehr bringt oder entgegen § 18 Abs. 2 liefert, ausliefert oder verwendet;

7. entgegen § 18 Abs. 3 die vorgeschriebenen Aufzeichnungen unterläßt;

8. entgegen § 19 Abs. 1 als Besamungsbeauftragter tätig ist;

9. entgegen § 23 Abs. 3 eine Auskunft nicht, nicht richtig oder nicht vollständig erteilt oder entgegen § 23 Abs. 4 Satz 2 eine Maßnahme nicht gestattet, Unterlagen nicht vorlegt oder ein Tier nicht vorführt;

10. einer nach § 18 Abs. 4 Nr. 7 erlassenen Rechtsverordnung zuwiderhandelt, soweit sie für einen bestimmten Tatbestand auf diese Bußgeldvorschrift verweist;

11. einer nach § 18 Abs. 4 Nr. 1, 2, 4 bis 6, 8 oder 9 erlassenen Rechtsverordnung zuwiderhandelt, soweit sie für einen bestimmten Tatbestand auf diese Bußgeldvorschrift verweist.

(2) Die Ordnungswidrigkeit kann in den Fällen des Absatzes 1 Nr. 1, 3 bis 6, 8 und 11 mit einer Geldbuße bis zu zehntausend Deutsche Mark, in den Fällen des Absatzes 1 Nr. 2, 7, 9 und 10 mit einer Geldbuße bis zu fünftausend Deutsche Mark geahndet werden.

(3) Samen, auf den sich eine Zuwiderhandlung nach Absatz 1 Nr. 4, 6 oder 11 bezieht, kann eingezogen werden. § 23 des Gesetzes über Ordnungswidrigkeiten ist anzuwenden.

Siebenter Abschnitt
Schlußvorschriften

§ 25
Außerkrafttreten von Vorschriften

(1) Es treten außer Kraft

1. das Tierzuchtgesetz vom 7. Juli 1949 (Gesetzblatt der Verwaltung des Vereinigten Wirtschaftsgebietes S. 181), zuletzt geändert durch Artikel 207 I des Einführungsgesetzes zum Strafgesetzbuch vom 2. März 1974 (Bundesgesetzbl. I S. 469);

2. die Verordnung zur Übertragung von Befugnissen nach dem Tierzuchtgesetz auf die obersten Landesbehörden vom 19. Juni 1951 (Bundesanzeiger Nr. 124 vom 30. Juni 1951);

3. die Erste Durchführungsverordnung zum Tierzuchtgesetz vom 25. Mai 1950 (Bundesgesetzbl. S. 227), geändert durch die Verordnung zur Änderung von Rechtsvorschriften auf dem Gebiete der Tierzucht vom 4. März 1958 (Bundesgesetzbl. I S. 130);

4. die Verordnung zur Änderung von Rechtsvorschriften auf dem Gebiete der Tierzucht vom 4. März 1958 (Bundesgesetzbl. I S. 130);

5. das Besamungsgesetz vom 8. September 1971 (Bundesgesetzbl. I S. 1537);

Baden-Württemberg

6. die Verordnung über die Erzeugung von Küken in Brütereien vom 5. Oktober 1950 (Badisches Gesetz- und Verordnungsblatt S. 279);

7. die Verordnung Nr. 642 des Landwirtschaftsministeriums über die Erzeugung von Küken in Brütereien vom 20. März 1951 (Regierungsblatt der Regierung Württemberg-Baden S. 25);

8. die Verordnung des Landwirtschaftsministeriums über die Erzeugung von Küken in Brütereien und über die Anerkennung von Geflügelzuchtbetrieben vom 25. Mai 1950 (Regierungsblatt für das Land Württemberg-Hohenzollern S. 211);

Rheinland-Pfalz

9. die Landesverordnung über die Erzeugung von Küken in Brütereien vom 1. April 1950 (Gesetz- und Verordnungsblatt der Landesregierung Rheinland-Pfalz S. 171);

Saarland

10. die Verordnung zur Übertragung der Ermächtigungen zum Erlaß von Rechtsverordnungen nach dem Gesetz über die künstliche Besamung von Tieren (Besamungsgesetz) vom 1. Februar 1972 (Amtsblatt des Saarlandes S. 129).

(2) Soweit es sich um Bundesrecht handelt, sind nicht mehr anzuwenden

1. die Erste Verordnung zur Förderung der Tierzucht vom 26. Mai 1936 (Reichsgesetzbl. I S. 470), zuletzt geändert durch Artikel 208 des Einführungsgesetzes zum Strafgesetzbuch;

2. das Gesetz zur Förderung der Tierzucht in Bayern (Tierzuchtgesetz) vom 14. Juni 1949 (Bereinigte Sammlung des bayerischen Landesrechts IV S. 419), zuletzt geändert durch Artikel 207 II des Einführungsgesetzes zum Strafgesetzbuch;

3. die Verordnung zur Änderung der Ersten Reichsverordnung zur Förderung der Tierzucht vom 7. Juni 1949 (Gesetz- und Verordnungsblatt für Schleswig-Holstein S. 117), geändert durch die Änderungsverordnung vom 16. August 1962 (Gesetz- und Verordnungsblatt für Schleswig-Holstein S. 354).

(3) Soweit die Ermächtigungen dieses Gesetzes nicht ausreichen, wird der Bundesminister ermächtigt, auf Grund des Gesetzes über Maßnahmen auf dem Gebiet der tierischen Erzeugung und des Gesetzes über die künstliche Besamung von Tieren erlassene Rechtsverordnungen durch Rechtsverordnung mit Zustimmung des Bundesrates aufzuheben, soweit diese zur Erreichung des in § 1 genannten Zweckes nicht mehr erforderlich sind. Ist eine solche Rechtsverordnung von einer Landesbehörde erlassen worden, so ist auch die Landesregierung zur Aufhebung ermächtigt.

§ 26
Übergangsvorschriften

(1) Die nach bisherigem Recht anerkannten Züchtervereinigungen gelten als im Zeitpunkt des Inkrafttretens dieses Gesetzes anerkannte Züchtervereinigungen.

(2) Die nach bisherigem Recht geltenden Erlaubnisse zum Betrieb einer Besamungsstation gelten als Erlaubnisse nach diesem Gesetz.

(3) Kurzlehrgänge nach § 4 Abs. 1 Satz 2 des Besamungsgesetzes gelten als Kurzlehrgänge nach § 18 Abs. 2 Satz 1 Nr. 2 Buchstabe b dieses Gesetzes; Lehrgänge nach § 5 Abs. 1 des Besamungsgesetzes gelten als Lehrgänge nach § 19 Abs. 1 dieses Gesetzes.

(4) Männliche Tiere, die nach bisherigem Recht gekört sind und für die im Zeitpunkt des Inkrafttretens dieses Gesetzes eine Deckerlaubnis oder Besamungserlaubnis vorliegt, gelten als nach diesem Gesetz gekört; nach bisherigem Recht erteilte Besamungserlaubnisse gelten fort. Für Samen von abgegangenen männlichen Tieren, der vor Inkrafttreten dieses Gesetzes gewonnen wurde, kann auch dann eine Besamungserlaubnis erteilt werden, wenn die nach den zum Zeitpunkt der Samengewinnung geltenden Rechtsvorschriften erforderlichen Bescheinigungen vorliegen; § 13 Abs. 2 Nr. 1 und 3 Buchstabe a bleiben hiervon unberührt. Ist nach bisherigem Recht eine Deckerlaubnis erteilt, so bedarf es einer Meldung nach § 7 nur, wenn das männliche Tier außerhalb des Gebietes verwendet werden soll, für das die Deckerlaubnis galt.

§ 27
Berlin-Klausel

Dieses Gesetz gilt nach Maßgabe des § 13 Abs. 1 des Dritten Überleitungsgesetzes vom 4. Januar 1952 (Bundesgesetzbl. I S. 1) auch im Land Berlin. Rechtsverordnungen, die auf Grund dieses Gesetzes erlassen werden, gelten im Land Berlin nach § 14 des Dritten Überleitungsgesetzes.

§ 28
Inkrafttreten

Dieses Gesetz tritt am 1. Januar 1977 in Kraft. Vorschriften, die zum Erlaß von Rechtsverordnungen ermächtigen, treten am Tage nach der Verkündung in Kraft.

Das vorstehende Gesetz wird hiermit verkündet.

Bonn, den 20. April 1976

Für den Bundespräsidenten
Der Präsident des Bundesrates
Osswald

Der Bundeskanzler
Schmidt

Der Bundesminister
für Ernährung, Landwirtschaft und Forsten
J. Ertl

Tierschutzgesetz

Jeder, der beim Ausüben seines Berufes mit lebenden Tieren zu tun hat, muß in wichtigen Grundzügen auch das Tierschutzgesetz kennen. Vor dem Gesetz ist das Pferd zwar eine Sache, dennoch schützt der Buchstabe die Kreatur vor unsachgemäßer Behandlung und insbesondere vor Mißhandlung zum Erreichen eines wirtschaftlichen Erfolges oder sportlichen Zweckes. Wichtig bei der Anwendung dieses Gesetzes ist ein Standpunkt, der aus der Vernunft entspringt. Alle echten Tierquälereien müssen verurteilt werden. Das darf jedoch nicht dazu führen, daß bei jeder Peitschenhilfe hysterische Zuschauerstimmen aufkreischen. Die Erziehung und Ausbildung des Pferdes basiert auf dem Gedächtnis, nämlich auf der Erinnerung an Lohn und Strafe. Im rechten Maß, zur rechten Zeit, mit den richtigen Mitteln wird der erfahrene und beherrschte Ausbilder die Grenze von der Strafe zur Quälerei bestimmt nie überschreiten. Auch hier deshalb einige Gesetzesstellen im Zitat:

Tierschutzgesetz

Vom 24. Juli 1972

Der Bundestag hat mit Zustimmung des Bundesrates das folgende Gesetz beschlossen:

Erster Abschnitt

Grundsatz

§ 1

Dieses Gesetz dient dem Schutz des Lebens und Wohlbefindens des Tieres. Niemand darf einem Tier ohne vernünftigen Grund Schmerzen, Leiden oder Schäden zufügen.

Zweiter Abschnitt

Tierhaltung

§ 2

(1) Wer ein Tier hält, betreut oder zu betreuen hat,

1. muß dem Tier angemessene artgemäße Nahrung und Pflege sowie eine verhaltensgerechte Unterbringung gewähren,

2. darf das artgemäße Bewegungsbedürfnis eines Tieres nicht dauernd und nicht so einschränken, daß dem Tier vermeidbare Schmerzen, Leiden oder Schäden zugefügt werden.

(2) Die zuständige Behörde ist befugt, im Einzelfall Maßnahmen anzuordnen, die zur Erfüllung der in Absatz 1 genannten Anforderungen erforderlich sind.

(3) Tiere, die nach dem Gutachten des beamteten Tierarztes in Haltung, Pflege oder Unterbringung erheblich vernachlässigt sind, können von der zuständigen Behörde dem Halter fortgenommen und so lange auf dessen Kosten anderweitig pfleglich untergebracht werden, bis eine ordnungsgemäße Haltung, Pflege und Unterbringung der Tiere durch den Halter gewährleistet ist.

§ 3

Es ist verboten,

1. einem Tier außer in Notfällen Leistungen abzuverlangen, denen es wegen seines Zustandes offensichtlich nicht gewachsen ist oder die offensichtlich seine Kräfte übersteigen,

2. ein gebrechliches, krankes, abgetriebenes oder altes, im Haus, Betrieb oder sonst in Obhut des Menschen gehaltenes Tier, für das ein Weiterleben mit nicht behebbaren Schmerzen oder Leiden verbunden ist, zu einem anderen Zweck als zur unverzüglichen schmerzlosen Tötung zu ver-

äußern oder zu erwerben; dies gilt nicht für die unmittelbare Abgabe von Tieren an Personen oder Einrichtungen, denen eine Genehmigung nach § 8 erteilt worden ist,

3. ein im Haus, Betrieb oder sonst in Obhut des Menschen gehaltenes Tier auszusetzen oder es zurückzulassen, um sich seiner zu entledigen,

4. ein Tier zu einer Ausbildung, Filmaufnahme, Schaustellung, Werbung oder zu einer ähnlichen Veranstaltung heranzuziehen, sofern damit offensichtlich erhebliche Schmerzen, Leiden oder Schäden für das Tier verbunden sind,

5. ein Tier an einem anderen lebenden Tier auf Schärfe abzurichten oder zu prüfen,

6. ein Tier auf ein anderes Tier zu hetzen, soweit dies nicht die Grundsätze weidgerechter Jagdausübung erfordern,

7. einem Tier durch Anwendung von Zwang Futter einzuverleiben, sofern dies nicht aus gesundheitlichen Gründen erforderlich ist,

8. einem Tier Futter darzureichen, das dem Tier offensichtlich erhebliche Schmerzen, Leiden oder Schäden bereitet,

9. ein Tier mit Nachnahme zu versenden.

Dritter Abschnitt

Töten von Tieren

§ 4

(1) Ein Wirbeltier darf nur unter Betäubung oder sonst, soweit nach den gegebenen Umständen zumutbar, nur unter Vermeidung von Schmerzen getötet werden. Ist die Tötung eines Wirbeltieres ohne Betäubung im Rahmen weidgerechter Ausübung der Jagd oder auf Grund anderer Rechtsvorschriften zugelassen oder erfolgt sie im Rahmen zulässiger Schädlingsbekämpfungsmaßnahmen, so darf die Tötung nur vorgenommen werden, wenn hierbei nicht mehr als unvermeidbare Schmerzen entstehen. Ein Wirbeltier töten darf nur, wer die dazu notwendigen Kenntnisse und Fähigkeiten hat.

(2) Der Bundesminister für Ernährung, Landwirtschaft und Forsten (Bundesminister) wird ermächtigt, durch Rechtsverordnung mit Zustimmung des Bundesrates bestimmte Tötungsarten zu verbieten, zuzulassen oder vorzuschreiben, um sicherzustellen, daß den Tieren nicht mehr als unvermeidbare Schmerzen zugefügt werden.

Vierter Abschnitt

Eingriffe an Tieren

§ 5

(1) An einem Wirbeltier darf ohne Betäubung ein mit Schmerzen verbundener Eingriff nicht vorgenommen werden. Die Betäubung warmblütiger Wirbeltieres ist von einem Tierarzt vorzunehmen. Für die Betäubung mit Betäubungspatronen kann die zuständige Behörde Ausnahmen von Satz 2 zulassen, sofern ein berechtigter Grund nachgewiesen wird. Bei landwirtschaftlichen Nutztieren gilt die

Ausnahmegenehmigung nach Satz 3 mit der Verschreibung des Betäubungsmittels durch einen Tierarzt als erteilt.

(2) Eine Betäubung ist nicht erforderlich,

1. wenn bei vergleichbaren Eingriffen am Menschen eine Betäubung in der Regel unterbleibt,

2. wenn die Betäubung im Einzelfall nach tierärztlichem Urteil nicht durchführbar erscheint.

(3) Eine Betäubung ist ferner nicht erforderlich

1. für das Kastrieren von unter zwei Monaten alten männlichen Rindern und Schweinen und von nicht geschlechtsreifen männlichen Ziegen, Schafen und Kaninchen, sofern kein von der normalen anatomischen Beschaffenheit abweichender Befund vorliegt,

2. für das Enthornen von unter vier Monaten alten Rindern sowie für das Enthornen von Rindern bis zu einem Alter von zwei Jahren mittels elastischer Ringe,

3. für das Kürzen des Schwanzes von unter vier Tagen alten Ferkeln sowie von unter acht Tagen alten Lämmern,

4. für das Kürzen des Schwanzes von Lämmern bis zu einem Alter von drei Monaten mittels elastischer Ringe,

5. für das Kürzen der Rute von unter acht Tagen alten Welpen,

6. für das Kürzen von Hornteilen des Schnabels beim Geflügel,

7. für das Absetzen des krallentragenden letzten Zehengliedes bei Masthahnenküken, die als Zuchthähne Verwendung finden sollen, während des ersten Lebenstages mittels Elektrokauter.

(4) Der Bundesminister wird ermächtigt, durch Rechtsverordnung mit Zustimmung des Bundesrates Verfahren und Methoden zur Durchführung von Maßnahmen nach Absatz 3 vorzuschreiben, zuzulassen oder zu verbieten, soweit dies zum Schutz der Tiere erforderlich ist.

§ 6

Verboten ist die vollständige oder teilweise Amputation von Körperteilen eines Wirbeltieres, soweit diese nicht nach anderen Rechtsvorschriften vorgeschrieben ist. Das Verbot gilt nicht,

1. wenn der Eingriff im Einzelfall nach tierärztlicher Indikation geboten ist,

2. wenn der Nutzungszweck des Tieres den Eingriff erforderlich macht und dem Eingriff tierärztliche Bedenken im Einzelfall nicht entgegenstehen oder ein Fall des § 5 Abs. 3 vorliegt,

3. bei Tierversuchen im Rahmen eines nach diesem Gesetz genehmigten Versuchsvorhabens oder

4. für das Kupieren der Ohren bei Hunden, wenn der Eingriff vor dem dritten Lebensmonat schmerzlos vorgenommen wird.

Eingriffe nach Satz 2 sind durch einen Tierarzt vorzunehmen; in den Fällen der Nummer 3 und des § 5 Abs. 3 können sie auch von anderen Personen vorgenommen werden, die die dazu notwendigen Kenntnisse und Fähigkeiten haben.

Fünfter Abschnitt
Tierversuche

§ 7

Wer zu Versuchszwecken Tiere für Eingriffe oder Behandlungen, die mit Schmerzen, Leiden oder Schäden verbunden sein können, verwenden will, hat dies vor Beginn der Versuche der zuständigen Behörde anzuzeigen.

§ 8

(1) Wer zu Versuchszwecken Wirbeltiere für Eingriffe oder Behandlungen verwenden will, die mit Schmerzen, Leiden oder Schäden verbunden sein können, bedarf der Genehmigung des Versuchsvorhabens durch die zuständige Behörde. Die Genehmigung darf nur Hochschulen sowie anderen Einrichtungen und Personen, die Forschung betreiben, erteilt werden. In der Genehmigung sind der Leiter des Versuchsvorhabens und sein Stellvertreter zu benennen.

(2) Tierversuche mit operativen Eingriffen dürfen nur von Personen mit abgeschlossener Hochschulbildung der Veterinärmedizin oder der Medizin, die die erforderlichen Fachkenntnisse haben, sowie von Personen mit abgeschlossener Hochschulbildung der Biologie an Hochschulen oder staatlichen wissenschaftlichen Einrichtungen, soweit diese Personen die erforderlichen Fachkenntnisse haben, durchgeführt werden. Sonstige Tierversuche dürfen auch von anderen Personen mit abgeschlossener naturwissenschaftlicher Hochschulbildung, die die erforderlichen Fachkenntnisse haben, durchgeführt werden. Die zuständige Behörde kann in besonders begründeten Fällen für Tierversuche mit operativen Eingriffen Ausnahmen von Satz 1 mit der Maßgabe zulassen, daß Personen, die diese Eingriffe vornehmen, die erforderlichen Fachkenntnisse haben und daß die Eingriffe nur unter Aufsicht eines in Satz 1 bezeichneten Tierarztes, Arztes oder Biologen durchgeführt werden. Die Personen, die die Versuche durchführen, müssen, wenn die Genehmigung einer Einrichtung erteilt ist, bei der Einrichtung beschäftigt oder mit Zustimmung des verantwortlichen Leiters zur Benutzung der Einrichtung befugt sein.

(3) Wechselt der Leiter eines Versuchsvorhabens oder sein Stellvertreter, so ist dies von dem Inhaber der Genehmigung der zuständigen Behörde anzuzeigen. In diesem Falle gilt die Genehmigung weiter, wenn die zuständige Behörde sie nicht innerhalb eines Monats nach Eingang der Anzeige widerruft.

(4) Die Genehmigung darf nur erteilt werden, wenn

1. dargelegt wird, daß die angestrebten Versuchsergebnisse nicht durch andere zumutbare Methoden oder Verfahren als den Tierversuch zu erreichen sind und

   a) die Versuche zur Vorbeuge, zum Erkennen oder Heilen von Krankheiten bei Mensch oder Tier erforderlich sind oder

   b) die Versuche sonst wissenschaftlichen Zwecken dienen,

2. keine Tatsachen vorliegen, aus denen sich Bedenken gegen die Zuverlässigkeit des verantwortlichen Leiters des Versuchsvorhabens oder seines Stellvertreters, insbesondere hinsichtlich der Überwachung der Tierversuche ergeben,

3. die erforderlichen Anlagen, Geräte und anderen sachlichen Mittel sowie die personellen Voraussetzungen für die Durchführung der Tierversuche vorhanden sind und

4. die ordnungsgemäße Unterbringung und Wartung der Tiere sowie ihre medizinische Versorgung gewährleistet sind.

(5) Die Genehmigung kann inhaltlich beschränkt befristet, unter Bedingungen erteilt und mit Auflagen verbunden werden. Die Genehmigung ist zurückzunehmen, wenn bei der Erteilung die Voraussetzungen nach Absatz 4 nicht gegeben waren. Sie ist zu widerrufen, wenn die Voraussetzungen nach Absatz 4 nicht mehr gegeben sind und dem Mangel nicht innerhalb einer von der zuständigen Behörde gesetzten Frist abgeholfen wird; sie kann widerrufen werden, wenn ihre Beschränkungen nicht eingehalten oder eine der mit ihr verbundenen Auflagen nicht erfüllt werden oder den Vorschriften des § 9 wiederholt oder grob zuwidergehandelt worden ist.

(6) Der Genehmigung bedürfen nicht

1. Tierversuche, die auf Grund gesetzlicher Vorschriften oder richterlicher Anordnungen durchzuführen sind oder

2. Impfungen, Blutentnahmen und sonstige Maßnahmen diagnostischer Art an lebenden Tieren, wenn sie nach bereits erprobten oder staatlich anerkannten Verfahren vorgenommen werden und der Verhütung, Erkennung, Heilung oder Linderung von Krankheiten, Leiden, Körperschäden oder körperlichen Beschwerden der Menschen oder Tiere, der Erkennung der Schwangerschaft oder Trächtigkeit oder der Gewinnung oder Prüfung von Seren oder Impfstoffen dienen.

§ 9

(1) Für die Durchführung von Tierversuchen gilt folgendes:

1. Die Versuche sind auf das unerläßliche Maß zu beschränken.

2. Versuche an Wirbeltieren, die nach zoologischer Systematik den höheren Tieren zugerechnet werden, sind nur dann erlaubt, wenn Versuche an niederen Wirbeltieren für den verfolgten Zweck nicht ausreichen. Warmblütige Tiere sollen nur dann Verwendung finden, wenn Versuche an kaltblütigen Tieren für den verfolgten Zweck nicht ausreichen.

3. Schmerzen, Leiden oder Schäden dürfen einem Tier nur zugefügt werden, soweit sie für den verfolgten Zweck unvermeidlich sind.

4. Versuche an Wirbeltieren dürfen nur unter Betäubung vorgenommen werden, es sei denn, der Zweck des Versuchs schließt nach dem Urteil des Leiters des Versuchsvorhabens eine Betäubung

aus oder der mit dem Eingriff verbundene Schmerz ist geringfügiger als die mit einer Betäubung verbundene Beeinträchtigung des Befindens des Versuchstieres. Abweichend von § 5 Abs. 1 Satz 2 kann die Betäubung auch von den in § 8 Abs. 2 Satz 1 bezeichneten Personen oder unter ihrer Aufsicht vorgenommen werden. An einem unbetäubten Tier darf nur einmal ein schmerzhafter Eingriff oder eine schmerzhafte unblutige Behandlung durchgeführt werden, es sei denn, daß der Zweck des Versuchs mit einem einmaligen schmerzhaften Eingriff oder einer einmaligen schmerzhaften unblutigen Behandlung nicht erreicht werden kann.

5. Wird bei einem betäubten Wirbeltier ein schwerer operativer Eingriff vorgenommen, so darf dieses Tier für ein anderes Versuchsvorhaben nur dann verwendet werden, wenn dies nicht mit Schmerzen, Leiden oder Schäden verbunden ist.

6. Nach Abschluß eines Versuchs ist jeder hierbei verwendete und überlebende Einhufer, Paarhufer, Affe, Halbaffe, Hund sowie jede verwendete und überlebende Katze und jedes verwendete und überlebende Kaninchen unverzüglich einem Tierarzt zur Untersuchung vorzustellen. Ist nach dem Urteil des Tierarztes ein Weiterleben des Tieres nur unter Leiden möglich, muß das Tier unverzüglich schmerzlos getötet werden. Andere als in Satz 1 bezeichnete Tiere sind gleichfalls zu töten, wenn dies nach dem Urteil der Person, die den Versuch durchgeführt hat, erforderlich ist.

Für die Einhaltung der Vorschriften nach den Nummern 1 bis 6 ist der Leiter des Versuchsvorhabens oder sein Stellvertreter verantwortlich. Die zuständige Behörde hat die Einhaltung dieser Vorschriften zu überwachen.

(2) Über Versuche an Tieren sind Aufzeichnungen zu machen. Die Aufzeichnungen müssen für jedes Versuchsvorhaben den mit diesem verfolgten Zweck, insbesondere die Gründe für nach Absatz 1 Nr. 2 erlaubte Versuche an höheren Tieren, sowie die Zahl und Bezeichnung der verwendeten Tiere und die Art und Ausführung der Versuche angeben. Die Aufzeichnungen sind von den Personen, die die Versuche durchgeführt haben, und von dem Leiter des Versuchsvorhabens zu unterzeichnen; die Aufzeichnungen sind drei Jahre lang nach Abschluß des Versuchsvorhabens aufzubewahren und der zuständigen Behörde auf Verlangen zur Einsichtnahme auszuhändigen, sofern die zuständige Behörde sich nicht mit einer kürzeren Aufbewahrungsfrist einverstanden erklärt hat.

(3) Werden Hunde oder Katzen zu Versuchszwecken erworben, so sind in den Aufzeichnungen nach Absatz 2 zusätzlich Name und Anschrift des Vorbesitzers anzugeben.

(4) Für Tierversuche nach § 8 Abs. 6 gelten die Absätze 1 bis 3 entsprechend. Darüber hinaus dürfen die Maßnahmen nur von Personen vorgenommen werden, die die dazu notwendigen Kenntnisse und Fähigkeiten haben.

Sechster Abschnitt
Eingriffe zu Ausbildungszwecken

§ 10

(1) § 5 Abs. 1 Satz 2 und die §§ 6 und 8 sind nicht anzuwenden bei Eingriffen oder Behandlungen, die mit Schmerzen, Leiden oder Schäden verbunden sind und an Tieren im Rahmen

1. einer Ausbildung oder Fortbildung an einer Hochschule oder einer staatlichen wissenschaftlichen Einrichtung oder

2. einer Ausbildung für Heilhilfsberufe oder für naturwissenschaftliche Hilfsberufe

vorgenommen werden. In diesen Fällen gilt § 7 entsprechend.

(2) Eingriffe oder Behandlungen nach Absatz 1 müssen unter Aufsicht eines verantwortlichen Leiters durchgeführt werden. Dieser muß die erforderlichen Fachkenntnisse haben und bei operativen Eingriffen an Wirbeltieren über eine abgeschlossene Hochschulbildung der Veterinärmedizin, der Medizin oder der Biologie verfügen; sonstige Eingriffe oder Behandlungen können auch unter der Leitung anderer Personen durchgeführt werden, die über eine abgeschlossene naturwissenschaftliche Hochschulbildung verfügen und die erforderlichen Fachkenntnisse haben. Soweit die Eingriffe oder Behandlungen nicht Versuche sind, gilt § 9 entsprechend.

Siebenter Abschnitt
Tierhandel

§ 11

(1) Wer gewerbsmäßig mit Tieren handelt, hat dies bei Beginn der Tätigkeit der zuständigen Behörde anzuzeigen. Dies gilt nicht für Personen, die mit landwirtschaftlichen Nutztieren aus dem eigenen Betrieb handeln, sowie für Züchter, die eingetragenen Züchtervereinen angehören und ausschließlich im Rahmen der Zweckbestimmung des Vereins Tiere halten, züchten und handeln.

(2) Absatz 1 Satz 1 gilt auch für natürliche und juristische Personen, die gewerbsmäßig

1. einen Reit- oder Fahrbetrieb unterhalten,

2. Tiere zur Schau stellen. Üben diese Personen die Tätigkeit als Reisegewerbe aus, so ist die Anzeige der für den jeweiligen Ort der Gewerbeausübung zuständigen Behörde zu erstatten.

(3) Wer bei Inkrafttreten dieses Gesetzes gewerbsmäßig

1. mit Tieren handelt, ausgenommen in den Fällen des Absatzes 1 Satz 2,

2. einen Reit- oder Fahrbetrieb unterhält oder

3. Tiere zur Schau stellt,

hat dies innerhalb eines Jahres nach Inkrafttreten dieses Gesetzes der zuständigen Behörde anzuzeigen.

(4) Ohne Einwilligung der Erziehungsberechtigten dürfen Tiere an Kinder bis zum vollendeten 14. Lebensjahr nicht verkauft werden.

Achter Abschnitt

Verbringungs-, Verkehrs- und Haltungsverbot

§ 12

Wirbeltiere, an denen Schäden feststellbar sind, von denen anzunehmen ist, daß sie den Tieren durch tierschutzwidrige Handlungen zugefügt worden sind, dürfen nicht in den Geltungsbereich dieses Gesetzes verbracht oder im Geltungsbereich dieses Gesetzes gewerbsmäßig in den Verkehr gebracht oder gewerbsmäßig gehalten werden, wenn das Weiterleben der Tiere infolge der Schäden nur unter Leiden möglich ist. Dieses Verbot steht der zollamtlichen Abfertigung nicht entgegen.

Neunter Abschnitt

Ermächtigungen, Mitwirkung von Zolldienststellen

§ 13

(1) Der Bundesminister wird ermächtigt, durch Rechtsverordnung mit Zustimmung des Bundesrates, soweit dies zum Schutz der Tiere erforderlich ist, Vorschriften über deren Haltung, Pflege und Unterbringung zu erlassen. Die Rechtsverordnung kann insbesondere Vorschriften enthalten über

1. Art und Umfang einer Beschränkung der natürlichen Bewegungs- oder Gemeinschaftsbedürfnisse von Tieren,

2. Anforderungen an Räume, Käfige, andere Behältnisse oder sonstige Einrichtungen zur Unterbringung von Tieren sowie an die Beschaffenheit von Anbinde- und Fütterungsvorrichtungen,

3. Anforderungen an Lichtverhältnisse, Lufttemperatur, Luftfeuchte, Luftbewegung sowie Frischluftzufuhr bei der Unterbringung von Tieren,

4. Wartung und Pflege sowie Überwachung von Tieren durch den Tierhalter oder Betreuer.

(2) Der Bundesminister wird ermächtigt, durch Rechtsverordnung mit Zustimmung des Bundesrates zum Schutz des Wildes Maßnahmen anzuordnen, die das Wild vor vermeidbaren Schmerzen oder Schäden durch land- oder forstwirtschaftliche Arbeiten schützen.

(3) Der Bundesminister wird ermächtigt, im Einvernehmen mit dem Bundesminister für Verkehr durch Rechtsverordnung mit Zustimmung des Bundesrates Vorschriften zum Schutz der Tiere bei der Beförderung im Straßen-, Schienen-, Schiffs- und Luftverkehr zu erlassen, insbesondere Vorschriften über die Verladung, Entladung, Unterbringung, Versorgung und Betreuung der Tiere.

§ 14

(1) Der Bundesminister für Wirtschaft und Finanzen und die von ihm bestimmten Zolldienststellen wirken bei der Überprüfung des Verbringens von Tieren in den Geltungsbereich dieses Gesetzes mit. Für das Gebiet des Freihafens Hamburg kann der Bundesminister für Wirtschaft und Finanzen diese Aufgabe durch Vereinbarung mit dem Senat der Freien und Hansestadt Hamburg dem Freihafenamt übertragen. § 14 Abs. 2 des Finanzverwaltungsgesetzes in der Fassung des Finanzanpassungsgesetzes vom 30. August 1971 (Bundesgesetzbl. I S. 1426) gilt entsprechend. Die genannten Behörden können

1. Tiere sowie deren Beförderungsmittel, Behälter, Lade- und Verpackungsmittel bei dem Verbringen in den Geltungsbereich dieses Gesetzes zur Überwachung anhalten,

2. den Verdacht von Verstößen gegen Verbote und Beschränkungen dieses Gesetzes oder der nach diesem Gesetz erlassenen Rechtsverordnungen, der sich bei der Abfertigung ergibt, den zuständigen Behörden mitteilen,

3. in den Fällen der Nummer 2 anordnen, daß die Tiere auf Kosten und Gefahr des Verfügungsberechtigten der zuständigen Behörde vorgeführt werden.

(2) Der Bundesminister für Wirtschaft und Finanzen regelt im Einvernehmen mit dem Bundesminister durch Rechtsverordnung ohne Zustimmung des Bundesrates die Einzelheiten des Verfahrens nach Absatz 1. Er kann dabei insbesondere Pflichten zu Anzeigen, Anmeldungen, Auskünften und zur Leistung von Hilfsdiensten sowie zur Duldung der Einsichtnahme in Geschäftspapiere und sonstige Unterlagen und zur Duldung von Besichtigungen vorsehen.

Zehnter Abschnitt

Durchführung des Gesetzes

§ 15

(1) Die Durchführung dieses Gesetzes und der auf Grund dieses Gesetzes erlassenen Rechtsverordnungen obliegt den nach Landesrecht zuständigen Behörden.

(2) Die zuständigen Behörden sollen im Rahmen der Durchführung dieses Gesetzes oder der auf Grund dieses Gesetzes erlassenen Rechtsverordnungen den beamteten Tierarzt als Sachverständigen beteiligen.

(3) Die Durchführung dieses Gesetzes obliegt für Tiere, die sich im Besitz der Bundeswehr befinden, den zuständigen Dienststellen der Bundeswehr.

§ 16

(1) Einrichtungen, in denen an Versuchstieren Eingriffe oder Behandlungen durchgeführt werden, ferner Betriebe im Sinne des § 11 Abs. 1 Satz 1 und Abs. 2, Nutztierhaltungen in neuzeitlichen Haltungssystemen, Zoofachhandlungen und ähnliche Einrichtungen, in denen Tiere feilgehalten werden, sowie Versuchstierhaltungen sind durch die zuständige Behörde zu beaufsichtigen.

(2) Die zuständigen Behörden können zur Durchführung der ihnen durch dieses Gesetz oder auf Grund dieses Gesetzes übertragenen Aufgaben von natürlichen und juristischen Personen und nicht rechtsfähigen Personenvereinigungen die erforderlichen Auskünfte verlangen.

(3) Personen, die von der zuständigen Behörde beauftragt sind, dürfen im Rahmen des Absatzes 1 Grundstücke, Geschäftsräume, Wirtschaftsgebäude, Transportmittel und zur Verhütung dringender Gefahren für die öffentliche Sicherheit und Ordnung auch Wohnräume des Auskunftspflichtigen, in denen Tiere gehalten werden, betreten und, soweit es zur Durchführung dieses Gesetzes erforderlich ist, die geschäftlichen Unterlagen einsehen. Der Auskunftspflichtige hat die Maßnahmen nach Satz 1 zu gestatten. Das Grundrecht der Unverletzlichkeit der Wohnung (Artikel 13 des Grundgesetzes) wird insoweit eingeschränkt.

(4) Der zur Auskunft Verpflichtete kann die Auskunft auf solche Fragen verweigern, deren Beantwortung ihn selbst oder einen der in § 383 Abs. 1 Nr. 1 bis 3 der Zivilprozeßordnung bezeichneten Angehörigen der Gefahr strafgerichtlicher Verfolgung oder eines Verfahrens nach dem Gesetz über Ordnungswidrigkeiten aussetzen würde.

Elfter Abschnitt

Straf- und Bußgeldvorschriften

§ 17

Mit Freiheitsstrafe bis zu zwei Jahren oder mit Geldstrafe wird bestraft, wer

1. ein Wirbeltier ohne vernünftigen Grund tötet oder

2. einem Wirbeltier
   a) aus Roheit erhebliche Schmerzen oder Leiden oder
   b) länger anhaltende oder sich wiederholende erhebliche Schmerzen oder Leiden

zufügt.

§ 18

(1) Ordnungswidrig handelt, wer

1. entgegen § 8 Abs. 3 Satz 1 einen Wechsel in der Person nicht anzeigt,

2. einer nach § 8 Abs. 5 Satz 1 für einen Versuch an einem Wirbeltier festgesetzten Beschränkung oder Auflage zuwiderhandelt oder

3. die Anzeige nach § 11 Abs. 1 Satz 1 oder Abs. 2 oder 3 nicht oder nicht rechtzeitig erstattet.

(2) Ordnungswidrig handelt, wer vorsätzlich oder fahrlässig

1. einem Wirbeltier, das er hält, betreut oder zu betreuen hat, bei der Haltung, Pflege, Unterbringung oder Beförderung ohne vernünftigen Grund offensichtlich erhebliche Schmerzen, Leiden oder Schäden zufügt,

2. entgegen § 4 Abs. 1 ein Wirbeltier tötet,

3. einer vollziehbaren Anordnung nach § 2 Abs. 2 zuwiderhandelt,

4. einem Verbot nach § 3 zuwiderhandelt,

5. an einem Wirbeltier entgegen § 5 Abs. 1 Satz 1 einen Eingriff oder entgegen § 5 Abs. 1 Satz 2 eine Betäubung vornimmt, ohne Tierarzt zu sein

oder entgegen § 5 Abs. 1 Satz 3 eine Betäubung ohne Erlaubnis vornimmt,

6. dem Verbot der Amputation nach § 6 Satz 1 zuwiderhandelt oder eine zulässige Amputation entgegen § 6 Satz 3 vornimmt,

7. entgegen § 7 oder § 21 Satz 1 einen Versuch nicht anzeigt oder entgegen § 8 Abs. 1 ein Versuchsvorhaben an einem Wirbeltier ohne Genehmigung vornimmt,

8. entgegen § 8 Abs. 2 Satz 1 oder 2 Tierversuche ohne die geforderte Vorbildung oder Fachkenntnis durchführt oder durchführen läßt, die sie nach § 8 Abs. 2 Satz 3 geforderte Vorbildung oder Fachkenntnis nicht haben,

9. entgegen § 9 Abs. 1 als Leiter eines Versuchsvorhabens oder als sein Stellvertreter nicht für die Einhaltung der Vorschriften des § 9 Abs. 1 Nr. 1 bis 6 sorgt,

10. entgegen § 9 Abs. 2 Aufzeichnungen nicht, nicht richtig oder nicht vollständig vornimmt, nicht unterzeichnet, nicht aufbewahrt oder nicht aushändigt,

11. entgegen § 9 Abs. 3 Name oder Anschrift des Vorbesitzers nicht angibt,

12. entgegen § 10 Abs. 2 Satz 1 als verantwortlicher Leiter die Aufsicht bei Eingriffen oder Behandlungen führt, ohne die in Absatz 2 Satz 2 geforderte Vorbildung oder Fachkenntnis zu haben.

13. entgegen § 10 Abs. 1 Satz 2 die obliegende Anzeige nicht erstattet,

14. entgegen § 12 ein Wirbeltier in den Geltungsbereich dieses Gesetzes verbringt oder im Geltungsbereich dieses Gesetzes in den Verkehr bringt oder hält,

15. entgegen § 16 Abs. 2 eine Auskunft nicht, nicht rechtzeitig, nicht vollständig oder nicht richtig erteilt oder entgegen § 16 Abs. 3 den Zutritt zu Grundstücken, Geschäftsräumen, Wirtschaftsgebäuden, Transportmitteln oder Wohnräumen oder die Einsichtnahme in geschäftliche Unterlagen nicht gestattet,

16. einer nach § 4 Abs. 2, § 5 Abs. 4, § 13 oder § 14 Abs. 2 erlassenen Rechtsverordnung zuwiderhandelt, soweit sie für einen bestimmten Tatbestand auf diese Bußgeldvorschrift verweist,

17. einer Vorschrift der §§ 1 bis 5 der Verordnung über das Schlachten und Aufbewahren von lebenden Fischen und anderen kaltblütigen Tieren vom 14. Januar 1936 (Reichsgesetzbl. I S. 13) zuwiderhandelt oder

18. entgegen § 11 Abs. 4 ein Tier ohne Einwilligung der Erziehungsberechtigten an Kinder bis zum vollendeten 14. Lebensjahr verkauft.

(3) Die Ordnungswidrigkeit kann mit einer Geldbuße bis zu zehntausend Deutsche Mark geahndet werden.

§ 19

Tiere, auf die sich eine Straftat nach § 17 oder eine Ordnungswidrigkeit nach § 18 bezieht, können eingezogen werden.

§ 20

(1) Wird jemand wegen einer nach § 17 rechtswidrigen Tat verurteilt oder nur deshalb nicht verurteilt, weil seine Schuldunfähigkeit erwiesen oder nicht auszuschließen ist, so kann ihm das Gericht das Halten von Tieren jeder oder einer bestimmten Art für die Dauer von einem Jahr bis zu fünf Jahren oder für immer verbieten, wenn die Gefahr besteht, daß er weiterhin eine nach § 17 rechtswidrige Tat begehen wird.

(2) Das Verbot wird mit Rechtskraft des Urteils wirksam. In die Verbotsfrist wird die Zeit, in welcher der Täter in einer Anstalt verwahrt wird, nicht eingerechnet. Ergibt sich nach der Anordnung des Verbots Grund zu der Annahme, daß die Gefahr, der Täter werde nach § 17 rechtswidrige Taten begehen, nicht mehr besteht, so kann das Gericht das Verbot aufheben, wenn es mindestens sechs Monate gedauert hat.

(3) Wer ein Tier hält, obwohl ihm dies strafgerichtlich verboten ist, wird mit Freiheitsstrafe bis zu einem Jahr oder mit Geldstrafe bestraft.

Zwölfter Abschnitt

Übergangs- und Schlußvorschriften

§ 21

Wer bei Inkrafttreten dieses Gesetzes an Tieren zu Versuchszwecken Eingriffe oder Behandlungen vornimmt oder vornehmen läßt, die mit Schmerzen, Leiden oder Schäden verbunden sein können und für die ihm eine Erlaubnis zur Vornahme wissenschaftlicher Versuche an lebenden Tieren auf Grund bisheriger geltender Rechtsvorschriften erteilt war, hat die Anzeige nach § 7 innerhalb von drei Monaten nach Inkrafttreten dieses Gesetzes zu erstatten. Über die Weitergeltung einer bisher erteilten Erlaubnis als Genehmigung nach § 8 Abs. 1 entscheidet die zuständige Behörde.

§ 22

Dieses Gesetz gilt nach Maßgabe des § 13 Abs. 1 des Dritten Überleitungsgesetzes vom 4. Januar 1952 (Bundesgesetzbl. I S. 1) auch im Land Berlin. Rechtsverordnungen, die auf Grund dieses Gesetzes erlassen werden, gelten im Land Berlin nach § 14 des Dritten Überleitungsgesetzes.

§ 23

Dieses Gesetz tritt am 1. Oktober 1972 in Kraft. Gleichzeitig treten außer Kraft:

1. das Tierschutzgesetz vom 24. November 1933 (Reichsgesetzbl. I S. 987), zuletzt geändert durch das Einführungsgesetz zum Gesetz über Ordnungswidrigkeiten vom 24. Mai 1968 (Bundesgesetzbl. I S. 503);

2. die Erste Verordnung zur Ausführung des Tierschutzgesetzes vom 20. Juni 1934 (Reichsgesetzblatt I S. 516);

3. die Zweite Verordnung zur Ausführung des Tierschutzgesetzes vom 27. Juni 1936 (Reichsgesetzblatt I S. 539);

4. die Fünfte Verordnung zur Ausführung des Tierschutzgesetzes (Tierschutzvereine) vom 11. August 1938 (Reichsgesetzbl. I S. 1004);

5. § 6 der Verordnung über das Schlachten und Aufbewahren von lebenden Fischen und anderen kaltblütigen Tieren vom 14. Januar 1936 (Reichsgesetzbl. I S. 13);

Nordrhein-Westfalen

6. das Gesetz zur Änderung des Tierschutzgesetzes vom 16. Juni 1970 (Gesetz- und Verordnungsblatt für das Land Nordrhein-Westfalen S. 437), mit Ausnahme der durch Artikel I Nr. 1 in das Tierschutzgesetz eingefügten §§ 4 a, 4 b und 12 b Abs. 1, 2, 3 und 5.

Das vorstehende Gesetz wird hiermit verkündet.

Bonn, den 24. Juli 1972

Für den Bundespräsidenten
Der Präsident des Bundesrates
Heinz Kühn

Für den Bundeskanzler
Der Bundesminister der Verteidigung
Georg Leber

Der Bundesminister
für Ernährung, Landwirtschaft und Forsten
J. Ertl

144